NORWEGEN

Die Schöpfung gewährte in ihrem unerforschlichen Rathschlusse euch Norwegern drei herrliche Gaben; sie bevölkerte das Meer mit unermesslichen Scharen von Fischen, den Früchten des Meeres, sie lenkte den warmen Golfstrom nach eurer West- und Nordküste, um das Meer offen zu halten für eure Boote und das rauhe Klima zu bekämpfen und zu mildern, sie gab euch den purpurrothen Schein der Mitternachtssonne ...

Ferdinand Krauß, 1888

NORWEGEN

Fotografie Fritz Dressler · Hauke Dressler
Text Lothar Schneider

Bucher

INHALT

Vom Land der Fischer, Fjordbauern und Jäger zur modernen Industrienation

Lothar Schneider

Bildkapitel

Fritz und Hauke Dressler

Seite 1: Der Leuchtturm Lista fyr auf der Halbinsel Lista in Vest-Agder.

Seite 2/3: Sommerstimmung am Porsangerfjord.

Oben: Bei Olden am Nordfjord.

Seite 6/7: Das Fischerdorf Honningsvåg auf der Nordkap-Insel Magerøya.

Abenteuer am Polarkreis: Reisebilder aus dem 19. Jahrhundert

R E I S E F Ü H R E R

Lothar Schneider

Bei Hasfjord auf der westlich von Hammerfest gelegenen Insel Sørøya.

Vom Land der Fischer, Fjordbauern und Jäger zur modernen Industrienation

Lothar Schneider

«Dieses Land, das trotzig schaut
meerumbrandet, bergumbaut
winterkalt und sommerbleich
kurzes Lächeln, niemals weich ...»

Bjørnstjerne Bjørnson (1832–1910)

Geologisch gesehen besteht Norwegen aus einer zerklüfteten Küste mit tief ins Land einschneidenden Fjorden und aus mit Gletschern überzogenen Gebirgen. Durch das Meer von Mitteleuropa getrennt, liegt es sehr weit nördlich, ein großer Teil des Landes befindet sich jenseits des Polarkreises. Nur der Golfstrom bewahrt Nordnorwegen vor dem ewigen Packeis und ermöglicht dadurch menschliches Überleben, das aber nur für hartgesottene Naturen.

Nach einer Legende über die ersten Norweger freuten sich alle Lebewesen am Ende der Eiszeit, als die Gletscher schmolzen, über die Wärme und das frische Grün. Mit einer Ausnahme: Die Norweger nämlich packten ihre Skier und zogen nach Norden, dem Eis hinterher. Dieses tun sie auch heute noch, vor allem am Ende des Winters, wenn sie ins Hochgebirge zum Langlaufurlaub fahren.

Der Winter kündigt sich oft schon im September mit ersten Schneestürmen an, und ab November versinkt das Land in einer mehrmonatigen Dunkelheit. Es gehört viel Gelassenheit dazu, diese düstere Jahreszeit, die in nördlichen Landesteilen zur völligen Dunkelheit, zur Polarnacht wird, ohne psychische Schäden zu überstehen. Da kapitulieren selbst die Norweger, und viele versuchen, dem Winter wenigstens für ein paar Wochen in sonnigere Gefilde zu entfliehen. Wahrscheinlich wird nirgends auf der Welt der Frühling so sehnsüchtig erwartet wie in Norwegen. Wenn sich die Sonne nach langer Zeit wieder blicken läßt, dann wird die einzige und sorgsam gehütete Flasche Sekt hervorgeholt, und man steigt hinauf auf einen Berg und begrüßt das Licht und die Wärme. – Ist die Sonne erst einmal da, dann geht sie auch nicht mehr so schnell wieder unter, dann scheint sie Tag und Nacht, und wer schlafen will, braucht dichte Vorhänge vor den Fenstern. Jetzt muß man auf Vorrat leben, denn der nächste Winter ...

In zahlreichen Romanen haben norwegische Schriftsteller das Leben in diesen klimatischen Extremen beschrieben, und ihre Schilderungen besaßen für mich eine besondere Anziehungskraft. Norwegen lernte ich zuerst im Lehnstuhl kennen, beim Lesen der Geschichten von norwegischen Bauern und Fischern. Da träumte ich mich zum verwitterten, abgelegenen Bauernhaus an einem schmalen Fjord: Es war aus rohen Balken gezimmert, und Gras wuchs auf dem Dach. Daneben der kleine Stall für die Kuh und die Ziege und das Vorratshaus auf einem Felsbrocken, in dem trockenes Fladenbrot auf Stangen aufgereiht war und das Schaffleisch von der Decke baumelte. Unten am Strand hingen an Gestellen die Fischernetze, und ein Stück Wiese, geschützt durch ein niedriges Steinmäuerchen, lieferte das Heu für den Winter. Zum Nachbarn im nächsten Fjordarm gelangte man nur mit dem Boot, der Weg übers schneebedeckte Gebirge war zu beschwerlich. Auch wenn man an hohen Feiertagen zum Kirchort fuhr, nahm man das Boot und kaufte dabei gleich noch im sogenannten «Landhandel» etwas Mehl und Zucker, vielleicht

Liebliches Fjordland. Die Siedlung Olsnes auf einer Halbinsel in einem Nebenarm des Sognefjords in der Nähe von Sogndal.

auch ein paar neue Netze, weil die alten dem letzten Sturm auf hoher See geopfert werden mußten, um das eigene Leben zu retten. Beim Kaufmann konnte man anschreiben lassen, dafür bestimmte er aber den Preis, wenn einmal ein großer Fang glückte; er war der einzige, der es zu bescheidenem Wohlstand brachte.

Dieses karge und entbehrungsreiche Leben der Fjordbauern, wie es in den Romanen erzählt wird, führten viele Norweger, besonders im nördlichen Teil des Landes, noch bis in unser Jahrhundert. Wurden die Erträge beim Fischfang zu gering, verdingten sich die Männer den Winter über als Seeleute für den Walfang und die Robbenjagd im Eismeer. Zurück blieben, in den Schneestürmen und in der Einsamkeit der Polarnacht, die Frauen und Kinder. Nur ein unbändiger Überlebenswille ließ die Menschen solche widrigen Verhältnisse überstehen, und nicht selten kam der Mann auf See ums Leben oder die Frau war gestorben und die Verantwortung für Haus und Hof hatte das älteste Kind übernommen. Die Romane vermittelten mir ein anderes, ein intensiveres Lebensgefühl als ich es bisher kannte: Jeder mußte hier auf seine Weise mit den unveränderbaren und unerbittlichen Verhältnissen fertig werden.

Es war dieser harte Lebenskampf, der mich interessierte, dieses Unterordnen unter die Bedingungen einer gnadenlosen Natur, das ich selbst kennenlernen wollte, nachdem ich das Buch zugeklappt hatte.

Ich fand allerdings die Bücherwirklichkeit nicht sofort wieder. Heute leben über die Hälfte aller Norweger in Städten, vor hundert Jahren waren es nur siebzehn Prozent. Doch auch dem Städter merkt man rasch an, daß er keineswegs nur Stadtmensch ist. Bei meinem ersten Besuch einer Studienkollegin in ihrem modernen Reihenhaus in Stavanger merkte ich rasch den Unterschied zu deutschen Verhältnissen. Obwohl ich kein verwittertes Holzhaus betrat, sondern ein Betongebäude, war hier eine Art «Holzatmosphäre» zu spüren. Massive Türen aus Kiefernholz, neben dem Heizkörper ein eiserner Kaminofen, auf dem Holzboden gewebte Schafwollteppiche in kräftigen Farben. Zum

Sogndal, das kleine Handelszentrum der Fjordlandregion, erreicht man vom Jostedalsbreen aus auf der Landstraße Nr. 55 in Richtung Süden.

Essen wurde Elchfleisch serviert, frisch aus der Tiefkühltruhe, aber vom Hausherrn eigenhändig erlegt. Lächelnd zeigte er mir sein frischgeöltes Gewehr, das er neben der Angel im Schlafzimmerschrank aufbewahrte. Ich erfuhr, daß die alljährliche Jagd einfach dazugehöre, und überhaupt seien alle Norweger «Friluftsmennesker». Plötzlich verstand ich, warum so viele Öljacken in der Garderobe hingen und darunter aufgereiht Gummistiefel in allen Größen standen. Ein großer Teil des Lebens der Norweger spielt sich draußen ab, in den Bergen oder am Wasser, wo viele Städter eine «Hytta« besitzen, eine Hütte für das Wochenende, den Feierabend und die Ferien.

Die ursprüngliche, von der Natur abhängige und sie nutzende Lebensart hat sich im modernen Norwegen erhalten, wenn auch kein von der Außenwelt abgeschnittener Fjordbauer mehr im Winter in Existenznot gerät. Für die verkehrstechnische Erschließung gibt der Staat viel Geld aus, und man kann bequem alle Winkel dieses großen Landes erreichen.

Was den allgemeinen Lebensstandard betrifft, so ist er, gemessen an mitteleuropäischen Verhältnissen, eher bescheiden. Die Geschäfte quellen nicht vor Lebensmitteln über, und vieles ist teuer, weil selten. So ist es beispielsweise üblich, Salatgurken portioniert zu verkaufen. Auf den Mittagstisch kommt nach wie vor preisgünstig Fisch, im Süden Makrelen und weiter nördlich Rotbarsch. Oder es gibt die von den meisten norwegischen Kindern so verabscheuten «Fiskeboller» (Fleischklößchen aus Fischmehl) oder den ähnlich beliebten «Fiskepudding». Der feine norwegische Lachs ist vor allem ein wichtiger Exportartikel. Besucht man eine «Gatekjøkken», wie die Frittenbuden in Norwegen heißen, findet man dort neben Pommes frites, Hähnchen und Hamburgern auch die traditionellen «Lomper», Kartoffelpfannkuchen, in die man eine Wurst wickelt. Beliebt ist auch «Labskaus», ein Eintopf aus Lamm und Schweinefleischstückchen, Kartoffeln, Zwiebeln und brauner Soße. Bei einer Fahrt über die Hardangervidda kann man immer noch in kleinen Gebirgsgasthäusern «Rømmegraut» vorgesetzt bekommen, das älteste (warme) Gericht des Landes. Serviert wird diese dünne Grütze aus Weizenmehl mit Salz und Sahne, obenauf

Nächste Doppelseite: Schafe in einer Bucht bei Ramberg auf der Lofoten-Insel Flakstadøy.

schwimmen Fettaugen und ein ungeübter Magen schafft nur kleine Mengen, trotz des dazu gereichten Fladenbrotes. Zum Essen wird oft nur Wasser getrunken, direkt aus der Leitung, noch ist es sauber … Als Alternative gibt es Milch oder Dünnbier.

Snorri Sturluson – Sagen und Legenden

«Harald hat ihr Volk verflochten,
Daß kein Feind sie zwang,
Håkon hat für sie gefochten,
Während Øjwind sang.

Olav malt auf ihre harte
Stirn ein Kreuz von Blut,
Sverre brach von ihrer Warte
Romas Übermut.»

(Zweite Strophe der norwegischen Nationalhymne von Bjørnstjerne Bjørnson, übersetzt von Christian Morgenstern)

Die Anfänge der Geschichte Norwegens schrieb als erster der Isländer Snorri Sturluson im 12. Jahrhundert auf. Zu dieser Zeit war Island ein Zentrum für Schriftgelehrte und Dichter und galt als geistiger Mittelpunkt des Nordens. Auf dieser kleinen Insel wurden alle Geschichten und Lieder, die von der Entstehung Norwegens und der Besiedelung Islands erzählen und mündlich von Generation zu Generation übertragen worden waren, in eine schriftliche Form gebracht.

Snorri Sturluson (1179–1241), einer der berühmtesten isländischen Dichter, verfaßte nicht nur die Edda, ein Lehrbuch der Skaldendichtkunst, er sammelte auch alles, was er über das Schicksal der ersten norwegischen Könige in Erfahrung bringen konnte. Aus dieser Sammlung entstanden die Königssagen. Snorri war nicht nur Dichter, er mischte sich auch aktiv in die Politik ein, speziell in das Verhältnis des selbständigen Island zum ehemaligen Mutterland Norwegen. Es erging ihm wie so manchem historischen Helden in seinen Sagen: Er fiel in Ungnade bei König Håkon (1217–1263) und wurde eines Nachts in seinem Haus überfallen und erschlagen.

Obwohl Snorris Königssagen im wesentlichen Heldengeschichten sind, in denen der kleine Mann kaum eine Rolle spielt, vermitteln sie aber auch ein Bild von den sozialen Verhältnissen Norwegens zu dieser Zeit. Vor der Reichsgründung (um 885) gab es lediglich eine Vielzahl von Gehöften, die von Großfamilien bewohnt wurden. Man lebte in riesigen, torfgedeckten Häusern, die nur aus einem Raum bestanden. In diesen mehrere hundert Quadratmeter großen Gebäuden fanden fünf verheiratete Paare mit ihren Kindern und oft noch das Vieh Platz. Unfreie Knechte und Mägde gab es kaum, das widersprach dem Gleichheitsgefühl. Oberhaupt dieser sich selbstversorgenden Großfamilien war im Sinne eines Primus inter pares der Älteste. Eine solche, aus einem oder mehreren Häusern bestehende Gemeinschaft war durchaus geeignet, sich in den extremen nordischen Verhältnissen zu behaupten.

Bis zur Wikingerzeit führten die patriarchalischen Großfamilien nebeneinander ein gleichberechtigtes und friedliches Leben; zum Teil waren sie zu größeren Stammesverbänden zusammengeschlossen. Doch um das Jahr 800 kam Bewegung in diese Bauerngesellschaft. Auf die Dauer wurde es manchem in dieser kleinen Welt zu eng, man wollte weg von der heimatlichen «Scholle». Erste Fahrten über das Meer bis zu den Inseln vor Schottland hatte man schon erfolgreich absolviert, und dort im Westen erhoffte man sich neue, günstigere Lebensmöglichkeiten.

Es kam zu regelmäßigen «Wikingfahrten» mit großen Drachenbooten. Mit leeren Händen wollte keiner zurückkehren, und die schönsten «Souvenirs», das hatten die Normannen bald herausgefunden, waren in den Klöstern Englands und Irlands zu finden. Dort wurde grausam geplündert, und damit war es auch um den Frieden in der Heimat geschehen: Es kam zu Streit, Neid und Mißgunst, Stammesoberhäupter versuchten immer mehr, andere zu unterwerfen, um ihren eigenen Herrschaftsbereich zu erweitern.

Auf einem Friedhof bei Flakstad auf der Insel Flakstadøy.

Aber nach wie vor bestand noch kein einheitlich norwegisches Reich, gab es keinen norwegischen König, dem alle Stammesfürsten und Familienpatriarchen gehorchten. Glaubt man Snorri, so kam es zur Reichsgründung, als sich eine stolze Jungfrau weigerte, dem Werben eines Stammeshäuptlings nachzugeben. Sie war nicht bereit, ihre kostbare Jungfernschaft einem kleinen Herrscher zu opfern. Das würde sie nur für einen tun, der ganz Norwegen unterworfen habe und Alleinherrscher sei, gab sie den Brautwerbern zu verstehen. Der Abgewiesene war Harald Schönhaar. Er nahm die Bedingung an und beschloß, sie zu erfüllen. Zusätzlich gelobte er, bis zur Erreichung des Zieles weder Bart noch Haupthaar schneiden zu lassen; so erhielt er seinen Beinamen.

Harald Schönhaar besaß bereits eine gewisse Hausmacht, und außerdem gehörte er zu den sogenannten «Götterkönigen», jenen Königen, die direkt von Odin abstammten, dem Obergott in der norwegischen Mythologie. Dies prädestinierte Harald für die Alleinherrschaft über Norwegen, systematisch besiegte er einen Stammeshäuptling nach dem anderen. Doch unter den freien Großbauern und Stammesfürsten wollten viele nicht auf ihre Selbständigkeit verzichten und zogen es vor, auf große Wikingfahrt zu gehen und sich eine neue Heimat zu suchen. Die meisten von ihnen ließen sich auf Island nieder.

Weniger friedlich verlief Haralds Auseinandersetzung mit einigen reichen und mächtigen Wikingerhäuptlingen an der Westküste. Sie weigerten sich hartnäckig, sich seinem Herrschaftsanspruch zu beugen und wollten weiter freie Wikinger und Seeräuber bleiben. Um das Jahr 900 kam es zur Entscheidungsschlacht. Im Hafsfjord in Südnorwegen trafen die Gegner in ihren Drachenbooten aufeinander, und es muß ein furchtbares Gemetzel gewesen sein, wenn man den Worten des Skalden Hornklove, den Snorri zitiert, glauben darf: «Hört' man am Hafsfjorde, / wie hier sie stritten / der edle König Schönhaar / und Kjötvi der Reiche / Von Ost kamen Kiele / kampfeslüstern / mit klaffenden Drachenköpfen / und Schnitzwerk am Bug. / – Ganz voller Großbaur'n / und Glanzschild sie waren / voll westländ'scher Wurfspeer / und keltischer Schwerter. / Da brüllten Berserker – / Los brach die Fehde – / die in Wolfspelzen wild heulend / Wurfspeere schwenkten.»

Harald siegte, seine Gegner mußten fliehen oder sie starben: «Heim vom Hafsfjord, hin direkt zur Metbank», wie der Dichter meint. Den Geschlagenen blieb nur die Metbank in Walhall, Harald aber durfte nun endlich die schöne Gyda zu seiner Gemahlin machen.

Bis zu seinem Tod im Jahr 945 – Harald I. Schönhaar starb auf dem Krankenlager und nicht, wie damals üblich, auf dem Schlachtfeld – gelang es ihm, das Reich einigermaßen zu ordnen und zusammenzuhalten. Nachfolger wurde einer seiner zahlreichen Söhne, der als Erik Blutaxt in die Geschichte einging, und man kann sich vorstellen, daß er es nicht leicht hatte, mit dem Erbe des Vaters fertigzuwerden. Die Zeiten waren alles andere als friedlich, der Umgang nicht gerade zimperlich und der Bibelspruch «Auge um Auge, Zahn um Zahn» war brutale Realität: Da wurde gemeuchelt und erstochen, gevierteilt und verstümmelt, Snorris Geschichten triefen nur so von Blut.

Den Königen scheint bald klar geworden zu sein, daß man auf dieser Basis keine dauerhafte Herrschaft aufbauen konnte. Auf ihren Wikingfahrten waren sie immer öfter auf das Christentum gestoßen, und Olav I. Tryggvason versuchte als erster norwegischer König (995–1000), diese neue Religion einzuführen und die bestehende kriegerische Götterlehre abzuschaffen. Sein Vorgehen war allerdings nicht gerade vom christlichen Liebesideal geprägt, er agierte bei der Bekehrung seiner Soldaten und der Bauern ganz in üblicher Wikingermanier. Aber ein Anfang war gemacht, und Olav II. Haraldsson (1015–1028), dem Snorri die längste Sage widmet, führte die Christianisierung fort. Er wandte allerdings die gleichen Mittel wie sein Vorgänger an, aber diesmal sollten sich die Bauern noch mehr wehren. Sie stellten ein großes Heer zusammen und 1028 kam es zur großen Schlacht bei Stiklestad, in der die Bauern über die letzten Wikinger siegten. König Olav fiel in der Schlacht. Aber sein Einsatz für das Christentum war nicht vergebens: Ein Jahr nach seinem Tod holte man seine sterblichen Überreste aus der ungeweihten Erde und bestattete sie in einem Schrein unter dem Hochaltar der Klemenskirche zu Nidaros (Trondheim). Olav II. Haraldsson wurde von den Kirchenmännern heilig gesprochen.

Fortsetzung Seite 25

Die Jostedalsbreen-Gletscher beim Veitastrondsvatnetfjord nördlich von Sogndal verstecken sich in den Wolken. Kahle Bergrücken und grüne Hochebenen, rauschende Wasserfälle und einsam gelegene Hütten kennzeichnen das tiefeingeschnittene Fjordland an Norwegens Westküste.

Nächste Doppelseite: Der Sognefjell in Jotunheimen – Norwegens wildromantische Berglandschaft.

Doppelseite 20/21: Als wär's ein Szenenbild aus Norwegens Nationaldrama «Peer Gynt» von Henrik Ibsen. Verwitterte Holzhäuser des Dorfes Nystølen am Geitebotnfjell oberhalb des Sognefjords.

Die alte Holzkirche der Gemeinde von Aurdal in der Provinz Oppland.

Vorhergehende Doppelseite: Motorboote der Sommergäste vor der Ortschaft Elistranda am Trondheimsfjord.

Olav der Heilige wurde zum Märtyrer der Christianisierung seines Landes, die sich trotz der Niederlage auf dem Schlachtfeld nun rasch ausbreitete und auf zwei ganz verschiedene Weisen in Norwegen heimisch wurde. Einmal brauchten die von Rom gesandten kirchlichen Würdenträger ihre beeindruckenden Gotteshäuser, um die Macht der Kirche zu zeigen. Es entstanden im 12. Jahrhundert drei Bistümer mit den entsprechenden Kathedralen in Trondheim, Stavanger und Hamar. Zum anderen wurde von den Fischern und Bauern zwischen 1020 und 1400 überall im Land die für Norwegen so typischen Stabkirchen errichtet, kleine Holzgebäude, die wie an Land geholte und nach oben gedrehte Wikingerschiffe aussehen. Vielleicht gar nicht so zufällig, denn den Schiffsbau beherrschten die Normannen und es lag nahe, diese Fertigkeiten beim Kirchenbau anzuwenden: Einige der Stabkirchen sind Einmastbauten, das heißt die steil emporragende Dachkonstruktion stützt sich nur auf einen im Kreuzpunkt zweier Schwellen stehenden Masten. Auf norwegisch heißen diese Masten «Stav», und so wurde aus der norwegischen «Stavkirke» im Deutschen eine Stabkirche. Die Giebelspitzen wurden mit den sich schon bei den Wikingerbooten bewährten Drachenköpfen verziert, der wehrlose Christengott sollte schließlich nicht schutzlos vor bösen Geistern sein. Auch die geschnitzten Kirchenportale greifen mit ihren Motiven häufig auf heidnische Vorstellungen zurück.

Der um jede Holzkirche angelegte Gang (Svalgang), von Säulen und Arkaden gestützt, dient als Schutz vor Wind und Wetter. Nicht nur für das Bauwerk selbst, sondern auch für die Kirchenbesucher, die von weit her von ihren Höfen kamen und vor Beginn des Gottesdienstes einen Unterschlupf fanden. Im Svalgang wurden außerdem die Waffen abgelegt, ehe man das eigentliche Kirchenschiff betrat. Die Stabkirchen waren keine Dorfkirchen in unserem Sinn, sie standen meist einsam und abgelegen im Wald oder an einem Fjord.

Der Innenraum der Kirche erinnert an eine einfache Schiffskajüte. Ein angenehmer, mit Teergeruch vermischter Holzduft schlägt dem Besucher entgegen; aus tellergroßen offenen Bullaugen fällt von oben schwach das Licht herein. Man fühlt sich im Kircheninnern in diesem Halbdunkel geborgen, geschützt vor den Naturgewalten und dem feindlichen Leben draußen. Die Zeit scheint still zu stehen in diesen «Schiffen» auf dem Landmeer der einsamen Weite, Orten der Einkehr und Ruhe.

Pietisten, Abstinenzler und Boheme

Im 16. Jahrhundert wurden die Lehren Luthers auch bis hinauf in den hohen Norden verbreitet. Sie kamen über die dänischen Machthaber, die bald nach dem Ende der Wikingerzeit die Herrschaft in Norwegen übernommen hatten. Mit der Reformation verloren die Bischöfe ihre Ämter, und die Dänen führten eine protestantisch-lutherische Staatskirche ein, der heute 96 Prozent der Norweger angehören. Aus diesem Grund ist in Norwegen beispielsweise die standesamtliche und die kirchliche Trauung gleichwertig, man muß sich nur für eine der beiden Zeremonien entscheiden.

Neben solchen eher äußerlichen Formalitäten hatte der Protestantismus weitreichende gesellschaftliche Auswirkungen. Ende des 18. Jahrhunderts begeisterten sich vorwiegend in West- und Südnorwegen viele für den strengen, lebens- und lustfeindlichen Pietismus. Wanderprediger zogen von Ort zu Ort und hielten auf öffentlichen Plätzen und in privaten Wohnstuben vor ihren Anhängern bei Andachten fanatische Reden. Zwar wurden diese sektiererischen Erweckungsbewegungen bald verboten, da sie mit ihren Lehren und Praktiken im Widerspruch zur Staatskirche standen, doch wirkte das pietistische Gedankengut weiter in den Enthaltsamkeitsbewegungen, die sich um die Mitte des vorigen Jahrhunderts bildeten und zum Teil bis heute fortbestehen.

Vor allem der Alkohol war und ist ihnen ein Dorn im Auge, und nach dem Motto «Wehret den Anfängen» treten die Abstinenzler für ein generelles Verbot alkoholischer Getränke ein. Den Höhepunkt erreichte die pietistische Enthaltsamkeitsbewegung um die Jahrhundertwende, als nicht nur dem hemmlungslosen Branntweingenuß der Kampf angesagt wurde, sondern jeglicher Genuß verteufelt wurde.

Ein argloses Opfer dieser Kampagne wurde der junge Maler Edvard Munch. Auf der Herbstausstellung 1885 in Kristiania, so hieß damals die norwegische Hauptstadt Oslo, weckte dieser als Künstler bis dahin kaum in Erscheinung getretene Munch die Verärgerung seiner Landsleute. Anlaß war ein Bild, das er gegen Bezahlung von Leinwand und Farben sowie einem Essen im Hotel Grand von seinem Kollegen Jensen-Hjell gemalt hatte. Er stellte diesen Herrn im damals üblichen Frack dar, gestützt auf einen Spazierstock. Anstößig war nun nicht das Motiv, aber die Pose dieses Herrn, der eine lässige Überlegenheit ausstrahlt und dem man eine durchzechte Nacht anzusehen meinte. Ein solches Bild öffentlich als Kunst darzustellen, empfanden die Bürger der Hauptstadt als Frechheit. Munch kam auf die «schwarze Liste» und wurde als sittenloser Bohemien abgestempelt.

Er gehörte zur Gruppe all jener Künstler und Literaten, die sich gegen das pietistisch orientierte Bürgertum auflehnten, das nicht imstande war, unter anderem Munchs künstlerisches Anliegen zu begreifen, der die existentielle Verzweiflung des Menschen zum Hauptthema seiner Malerei gemacht hatte. Für die Spießer waren die Bilder einfach eine «Schweinerei», über die man sich lauthals empörte.

Von derartigen Urteilen blieb auch Henrik Ibsen nicht verschont. Sein Stück «Gespenster» (1881) durfte nicht gespielt werden (es wurde in Chicago uraufgeführt), weil der dramatische Konflikt eine ererbte Geschlechtskrankheit zum Thema hat. Als norwegischer Künstler mußte man erst im Ausland zu Ruhm und Ehre gelangen, wie zum Beispiel in Deutschland, wo Ibsen schon lange ein einflußreiches Vorbild der Naturalisten war, bevor er in seiner Heimat anerkannt wurde.

Geblieben ist von der Enthaltsamkeitsbewegung in Norwegen bis heute neben kleinen pietistischen Organisationen vor allem das staatliche Alkoholmonopol («Vinmonopolet»), eine 1922 gegründete Aktiengesellschaft. Sie besitzt das alleinige Recht, alkoholische Getränke in Norwegen zu verkaufen. Für das ganze Land stehen achtundachtzig Verkaufsstellen zur Verfügung, in denen man sich die begehrten Getränke für teures Geld besorgen kann. Nicht alle Lokale Norwegens haben eine sogenannte «Alle rettigheter», die Lizenz zum Ausschank von alkoholhaltigen Getränken. Diese Schankkonzessionen werden ausschließlich vom Staat vergeben.

Norwegens Weg in die nationale Selbständigkeit

Das von den Wikingern mit viel Blutvergießen zusammengeschweißte Reich hielt nur einige Jahrhunderte. Von Anfang an hatten sich die Herrscher des kleinen Dänemark in die norwegischen Verhältnisse eingemischt. Als im 14. Jahrhundert fast die Hälfte der Norweger von der Pest, dem schwarzen Tod, dahingerafft worden waren, kam es zu einer Union mit Dänemark. Diese Union unter dänischer Krone, zwischenzeitlich durch Schweden erweitert, hatte Bestand bis 1814, als die Dänen, damals verbündet mit Napoleon, nach dessen Niederlage in der Völkerschlacht bei Leipzig im Kieler Frieden Norwegen an Schweden abtreten mußten.

Mit dieser Entscheidung waren die Norweger keineswegs einverstanden, man wollte endlich unabhängig werden. Eine Nationalversammlung verabschiedete am 17. Mai 1814 in dem kleinen Städtchen Eidsvoll die Verfassung, die bis heute gültig ist. Die erneute Fremdherrschaft, diesmal in Form einer Union mit Schweden, konnte damit zwar nicht verhindert werden, aber Norwegens Position innerhalb dieser Union war sehr selbstbewußt; das norwegische «Storting» (Parlament) ließ sich in seinen Beschlüssen von Schweden nicht beirren. Das mußte auf die Dauer zum Bruch führen: Als im Jahre 1905 die Schweden den Norwegern verbieten wollten, eigene konsularische Vertreter ins Ausland zu entsenden, erklärte das norwegische Storting die Union mit Schweden für aufgelöst. Nach einer von Schweden geforderten Volksabstimmung erlangte Norwegen mit nur 184 Gegenstimmen endgültig seine Unabhängigkeit. Doch wer sollte der Monarch des neuen Norwegen werden? Die Norweger hatten die Wahl zwischen einem Prinzen aus dem Hause Bernadotte und dem Prinzen Carl von Dänemark. Letzterer besaß die Gunst des

Knut Hamsun (1859–1952) erhielt 1920 den Literaturnobelpreis für seinen Roman «Segen der Erde» von 1917. Schon die ersten Passagen vom Leben des norwegischen Bauern Isak vermitteln etwas von der Faszination, die von der Sprache dieses Dichters ausging, aber auch von seiner Zivilisationskritik und dem Lob des einfachen (bäuerlichen) Lebens.

KNUT HAMSUN: DER «SEGEN DER ERDE»

Der lange, lange Pfad über das Moor in den Wald hinein – wer hat ihn ausgetreten? Der Mann, der Mensch, der erste, der hier war. Für ihn war noch kein Pfad vorhanden. Später folgte dann das eine oder andere Tier der schwachen Spur über Sümpfe und Moore und machte sie deutlicher, und wieder später schnupperte allmählich der oder jener Lappe den Pfad auf und benützte ihn, wenn er von Berg zu Berg wanderte, um nach seinen Rentieren zu sehen. So entstand der Weg durch die weite Allmende, die niemand gehörte, durch das herrenlose Land.

Der Mann kommt in nördlicher Richtung gegangen. Er trägt einen Sack, den Sack, der Mundvorrat und einiges Handwerkszeug enthält. Der Mann ist stark und derb, er hat einen rostigen Bart und kleine Narben im Gesicht und an den Händen – diese Wundenzeichen, hat er sie sich bei der Arbeit oder im Kampf geholt? Er kommt vielleicht aus dem Gefängnis und will sich verbergen, vielleicht ist er ein Philosoph und sucht Frieden, jedenfalls aber kommt er dahergewandert, ein Mensch mitten in dieser ungeheuren Einsamkeit. Er geht und geht, still ist es ringsum, kein Vogel, kein Tier ist zu hören, bisweilen redet er ein paar Worte mit sich selbst. Ach ja, Herrgott im Himmel! sagt er. Wenn er auf seiner Wanderung an Moore und wirtliche Stellen oder offene freie Plätze im Walde kommt, legt er seinen Sack ab, geht umher und untersucht die Bodenverhältnisse; nach einer Weile kehrt er zurück, nimmt seinen Sack wieder auf den Rücken und wandert weiter. Dies währt den ganzen Tag, er sieht an der Sonne, welche Zeit es ist, es wird Nacht, und er wirft sich ins Heidekraut und schläft auf seinem Arm.

Nach einigen Stunden geht er wieder weiter. Ach ja, Herrgott im Himmel! geht wieder geradeaus nach Norden, sieht an der Sonne die Tageszeit, hält Mittagsrast mit einem Stück Hartbrot und Ziegenkäse, trinkt Wasser aus einem Bach dazu und setzt seinen Weg fort. Auch diesen ganzen Tag wandert er ununterbrochen weiter, denn er muß sehr viele wirtliche Plätze im Wald untersuchen. Was sucht er? Land, Erde? Er ist vielleicht ein Auswanderer aus den Dörfern, denn er schaut sich scharf und spähend um; manchmal ersteigt er auch einen Hügel und späht von da umher.

Oben: Herbststimmung auf dem Altafjell in der Finnmark, der nördlichsten und der am dünnsten besiedelten Provinz Norwegens. – Unten: Blick auf den Ullsfjord und die Lyngenalpen in der Provinz Troms in Nordnorwegen.

Jetzt ist die Sonne wieder am Untergehen. Er befindet sich jetzt auf der Westseite eines langgestreckten Tales mit gemischtem Wald, hier ist auch Laubwald, und Weideflächen mischen sich darein, stundenlang geht es so fort; es dämmert, aber der Mann hört das leise Rauschen eines Flusses, und dieses leichte Rauschen ist wie etwas Lebendiges und muntert ihn auf. Als er die Höhe erreicht, sieht er das Tal im Halbdunkel vor sich liegen und weit draußen nach Süden den Himmel darüber. Nun legt er sich schlafen.

Oben links: Sigrid Undset (1882–1949) erhielt den Literatur-Nobelpreis 1928 «vor allem für ihre kraftvollen Schilderungen des nordischen Lebens im Mittelalter».

Mitte links: Bjørnstjerne Bjørnson (1832–1910), einflußreicher Politiker und populärer Dichter Norwegens, erhielt 1903 den Literatur-Nobelpreis.

Rechts: König Håkon VII. von Norwegen (1872–1957) mit seiner Familie. Der ehemalige dänische Prinz bestieg am 18. November 1905 den Thron.

Unten links: Henrik Ibsen (1828–1906), Norwegens bekanntester Dramatiker und Begründer des Naturalismus (siehe Seite 31).

Unten Mitte: Der Schriftsteller Alexander Kielland (1849–1906) war Bürgermeister von Stavanger und setzte sich für Norwegens Unabhängigkeit von Schweden ein.

Unten rechts: Zu den bedeutendsten Malern dieses Jahrhunderts zählt Edvard Munch (1863–1944). In bedrückend wirkenden Bildern stellte er seine Hauptthemen Angst, Tod und Erotik dar. Wichtige Werke Munchs befinden sich im Osloer Munch-Museum.

Oben: Der norwegische Polarforscher und Zoologe Fridtjof Nansen (1861–1930) verließ am 14. März 1895 am Rand des ewigen Packeises sein Forschungsschiff «Fram», um auf Hundeschlitten zum Nordpol aufzubrechen.

Unten links: Roald Amundsen (1872–1928) erreichte als erster Mensch am 14. Dezember 1911 den Südpol.

Unten Mitte: Fridtjof Nansen (siehe oben) in einer Aufnahme aus jungen Jahren.

Unten rechts: Mehrmals überquerte der Zoologe und Ethnologe Thor Heyerdahl (geb. 1914) mit einfachen Booten wie mit dem Balsafloß Kon-Tiki und dem Schilfboot Tigris den Ozean, um zu beweisen, daß man schon viel früher über die Weltmeere segelte, als bislang angenommen (siehe Seite 118/119).

DER GROSSE KOMPONIST NORWEGENS: EDVARD GRIEG

Norwegen gehörte bis 1814 zu Dänemark und galt als kulturelles Niemandsland. Kulturelles Leben fand in Kopenhagen oder in Oslo, dem Sitz der dänischen Verwaltung statt; doch in Bergen gab es nur Fisch – das war das Bild der Dänen von ihrer Kolonie, und auch die Norweger teilten diese Meinung.

Gegen Ende des Jahrhunderts, Norwegen gehörte zu Schweden, stand aber nur noch formal unter schwedischer Vormundschaft, bekam das Land mit Ole Bull eine nationale Identifikationsfigur. Der Geigenvirtuose, 1810 in Bergen geboren, trat bereits mit 25 Jahren, von einem großen Orchester begleitet, in der Pariser Oper auf. Umjubelte Konzertreisen durch ganz Europa folgten. Sein Wirken wird in Norwegen mit der noch immer üblichen Formulierung gewürdigt: Ole Bull hat Norwegen auf der Weltkarte plaziert. Die Nation hatte ihr erstes Idol gefunden. Seine Villa, eine Mischung aus dem Stil der spanischen Alhambra und norwegischem Historizismus, zeugt von der Suche nach einer nationalen Identität.

Der Musiker Ole Bull hatte den Boden bereitet für Bergens berühmtesten Bürger, Edvard Grieg (1843–1907). Er wurde als Fünfzehnjähriger von Ole Bull entdeckt und nach Leipzig ans Konservatorium geschickt. Die Bergenser nahmen es Grieg weder übel, daß er zeitweise in Dänemark lebte, wo er den Märchendichter Hans Christian Andersen kennenlernte, noch daß er in der ungeliebten Hauptstadt Kristiania, dem heutigen Oslo, von 1867 bis 1874 als Dirigent und Musiklehrer wirkte. Hier begann auch seine Zusammenarbeit mit den Dichtern Bjørnstjerne Bjørnson und Henrik Ibsen, dessen Theaterstück »Peer Gynt« er vertonte.

1880 kehrte Grieg als Dirigent in seine Geburtsstadt Bergen zurück, wo er sich 1885 vor den Toren der Stadt die Villa Troldhaugen bauen ließ. Hier komponierte er im Sommer und unternahm im Winter Konzertreisen durch Europa. Schon zu Lebzeiten genoß Edvard Grieg große Popularität in Norwegen und trug, wie vor ihm Ole Bull, viel zum internationalen Renommee seines Landes bei. Troldhaugen wurde zum Wallfahrtsort, zunächst der Norweger, heute ausländischer Touristen. Grieg mochte die ungebetenen Besucher nicht, weil sie ihn beim Komponieren störten. Darum ließ er sich unterhalb der Villa am Fjord eine Hütte bauen, in der er in Ruhe über seinen Notenblättern sitzen konnte. Und ruhig ist es im Hause auch heute nicht, wenn im Sommer die Passagiere der Kreuzfahrtschiffe

mit Bussen nach Troldhaugen kommen. In keinem Ort Norwegens legen so viele Kreuzfahrtschiffe an wie in Bergen. Erstaunlich genug, daß es den Musikern immer wieder gelingt, im neuen Konzertsaal auf dem Griegschen Grundstück oder, wenn man besonderes Glück hat, im Wohnzimmer des Komponisten, ihre Zuhörer zu fesseln. Griegs Musik ist ideal für kleine Räume, was ihr in der Musikwelt allerdings wenig Ansehen verschaffte. Edvard Griegs Kompositionen seien einfach, zu schlicht ausgeführt, zu wenig virtuos, das wurde ihm gerade in Deutschland immer wieder vorgeworfen. Der österreichische Philosoph Otto Weininger nannte die »Peer Gynt«-Suiten von Grieg »die größte Luftverdünnung, die jemals erreicht worden ist«, was der bissige Karl Kraus genüßlich zitierte. Die Aversionen beruhten jedoch auf Gegenseitigkeit. Grieg dachte nur sehr ungern an seine Leipziger Zeit zurück, weil er dort »rein gar nichts gelernt habe«.

In England dagegen hatte Grieg eine wesentlich bessere Presse. Zu seinem Erfolg in Norwegen mag wohl beigetragen haben, daß er kein Aufrührer war, kein Kritiker, sondern dem Geist seiner Zeit wohlwollend Tribut zollte. Was den Menschen Grieg angeht, so scheint sein Leben weitgehend offen vor uns zu liegen. Was hingegen seine Musik betrifft, so lohnt es sich, einmal in den Bauerntänzen (»Slattene«) einem Grieg zu lauschen, der seiner Zeit voraus war. Sein Biograph Audun Kayser bemerkt, daß Grieg hier Ideen eingebracht hat, die Bartók und Strawinsky später weiterentwickelten. Es ist bedauerlich, daß vom Werk Edvard Griegs meistens nur »Solveigs Lied« aus den »Peer Gynt«-Suiten zu hören ist und der Komponist damit auf das Nationaltypische reduziert wird.

Ralf Schröder

Oben: Edvard Grieg mit seiner Frau Nina (Foto von 1903). – Unten: Seit über hundert Jahren »pilgern« Touristen zu Edvard Griegs Landhaus Troldhaugen bei Bergen.

Henrik Ibsens Drama «Peer Gynt» wurde 1876 in Kristiania, dem heutigen Oslo, uraufgeführt. Die phantastische Geschichte des Prahlhans und Herumtreibers Peer verarbeitet Motive der norwegischen Folklore und aktuelle politische Ereignisse. Abbildung: Die Tochter des Trollkönigs versucht Peer zu verführen (Szene mit Gérard Desarthe als Peer in einer Inszenierung von Patrice Chéreau).

norwegischen Volkes: Prinz Carl von Dänemark begründete als Håkon VII. nach fast 400 Jahren Fremdherrschaft am 22. Juni 1906 wieder ein norwegisches Königshaus.

Der populäre Håkon VII. mußte während des Zweiten Weltkriegs ins Londoner Exil gehen, als Norwegen von deutschen Truppen besetzt wurde. Håkon VII. starb 1957.

Peer Gynt und die Trolle

Gegen die schwedische Bevormundung, vor allem auch in kulturellen Belangen, wandte sich seit 1814 eine immer stärker werdende Nationalbewegung. Man war auf der Suche nach einer norwegischen Identität. Seit dem späten 14. Jahrhundert lebten die originären norwegischen Traditionen und Eigenheiten eigentlich nur in den Heldensagen, Legenden und Geschichten der Bauern, Fischer und Jäger fort, die man sich nach wie vor erzählte. Waren es zur Zeit der Reichsgründung vorwiegend Königssagen, die die Heldentaten der Recken verherrlichten, stand nun das ursprüngliche Leben (oder was man dafür hielt) in der endlosen, kargen und oft unwirtlichen Einsamkeit des weiten Landes im Zentrum des Interesses der Literatur. Von Fabelwesen und Dämonen, sogenannten Trollen, erzählten die Großmütter an langen dunklen Winterabenden ihren Enkeln. Überirdische, riesenhafte und gräßlich anzusehende Wesen mit großen Nasen, mehreren Köpfen, Schwänzen und einem furchtbaren Lachen spuken durch die Erzählungen. Der Mensch kann sich ihrer nur durch Klugheit und List erwehren, denn Trolle sind sehr dumm und einfältig.

Geheimnisvoll und gefährlich wie die häßlichen Trolle sind auch die feenartigen Hulder, weibliche Waldgeister mit hohlem Rücken und Kuhschwanz, die in Hochmooren und Sümpfen auftauchen und durch ihre verführerische Schönheit die Jäger becircen. Mancher Jüngling verfiel nach solchen Begegnungen dem Wahnsinn, und mancher arme Fischer kehrte auf wunderbare Weise mit reichen Fängen zurück. Die Geschichten spiegeln aber auch das Alltagsleben in den Wäldern und den Gebirgen wider.

Alle diese Geschichten, Legenden, Märchen und Sagen aus dem Mund des Volkes begannen im Zuge des wieder erwachenden norwegischen Nationalbewußtseins zwei Männer, Peter Christen Asbjørnsen und Jørgen Moe, zu sammeln. Ähnlich wie ihre deutschen Kollegen, die Brüder Grimm, schrieben sie das Gehörte so getreu wie möglich auf. 1851 lag die erste Gesamtausgabe der norwegischen Volksmärchen vor. Jacob Grimm pries diese Märchensammlung als besonders geglückt, da das tiefe, norwegische Volksempfinden «unverfälscht» zum Ausdruck komme. Die Volksmärchen erschienen in den folgenden Jahrzehnten in immer neuen und schöneren illustrierten Ausgaben.

Auch die Dichter interessierten sich für die Volksdichtung. Im Sommer 1862 reiste der Dramatiker Henrik Ibsen ins Gudbrandsdal, um dort auf den Spuren von Asbjørnsen und Moe eine «quasiwissenschaftliche Untersuchung der Volksdichtung» anzustellen. Aus der Untersuchung, die Ibsen ein Stipendium einbrachte, ist aber leider nichts geworden. Er stieß bei seinen intensiven Forschungen auf die Geschichte des furchtlosen Jägers Peer Gynt aus Kvam, dem Leichtfuß aus dem Märchen, dem sein ungebundenes Jägerleben im Gebirge über alles ging, der sich mit Trollen prügelte und Sennerinnen vor diesen Unholden rettete. Diese Figur inspirierte Ibsen zu einem großen nationalen Schauspiel.

Ibsen hat sein dramatisches Gedicht, wie er das Stück «Peer Gynt» nannte, als nationalnorwegisch aufgefaßt. Die Musik dazu hat auf Wunsch Ibsens Edvard Grieg komponiert. Sicher war für diese Partitur niemand besser geeignet als Edvard Grieg, der vor allem «norwegische» Musik komponieren wollte. Wie Ibsen auf die Volksdichtung zurückging, so beschäftigte sich Grieg eingehend mit norwegischer Volksmusik, mit Liedern und Weisen, wie sie in den Tälern und auf den Sennhütten gesungen wurden. Eines der schönsten Lieder seiner Musik zu «Peer Gynt« ist Solveigs Gesang.

Der norwegische Sprachenstreit

Ein wichtiger Schritt zur nationalen Selbständigkeit war eine eigenständige norwegische Sprache. Durch die dänische Herrschaft hatte sich die offizielle Landessprache dem Dänischen stark angepaßt. Diese Annäherung vollzog sich vor allem während der Reformationszeit, als sowohl die Lutherbibel wie auch die Kirchengesänge in dänischer Sprache nach Norwegen kamen. Ibsen und Hamsun haben ihre Bücher noch in dänischer Sprache geschrieben.

Die Volksmärchen sind hingegen alle in ihrem ursprünglichem Dialekt belassen worden. Aus diesen vielen norwegischen Dialekten versuchte man nun, ein neues Norwegisch, ein sogenanntes «Nynorsk», neben der amtlichen Sprache in Norwegen, dem «Bokmål», zu schaffen. Im 19. Jahrhundert entbrannte ein Sprachenstreit, welche der beiden Sprachformen nun gültig sein sollte. Beendet ist dieser Streit bis heute nicht; beide Sprachformen bestehen gleichberechtigt nebeneinander weiter, und die Kinder müssen in der Schule sowohl Bokmål als auch Nynorsk lernen. Bei der Untertitelung ausländischer Filme (die kaum synchronisiert werden) müssen im Fernsehen beide Sprachformen berücksichtigt werden. Die deutsche Fernsehserie «Der Kommissar» zum Beispiel hat neunorwegische Untertitel. Auch in der Literatur sind beide Sprachformen vertreten. Einige Autoren schreiben *nur* in Nynorsk, die anderen *nur* in Bokmål, hinzu kommen noch die norwegischen Dialekte und neuerdings der vom Englischen durchsetzte Slang; ein Sprachbabylon, das nicht nur den Übersetzern manches Rätsel aufgibt.

Mit vollen Segeln ins Industriezeitalter

Nachdem im Jahre 1814 die Union mit Dänemark zerbrochen war und die Norweger die Chance zur Verabschiedung einer eigenen Verfassung genutzt hatten, fühlten sie sich nicht nur politisch selbstbewußter und kulturell eigenständiger, auch auf wirtschaftlichem Gebiet setzte eine gewaltige Entwicklung ein. Ein frischer und kräftiger Wind blies in die Segel norwegischer Schiffe. Man beschränkte sich nicht mehr wie in den vergange-

Fortsetzung Seite 41

Vom Osloer Hafen Pipervika aus gesehen dominieren die wuchtigen viereckigen Rathaustürme das Stadtbild. Der Bau des Rathauses wurde bereits 1931 begonnen, konnte aber erst 1950 beendet werden. Die Entwürfe stammen von den Architekten Arneberg und Poulson.

Das Karl-Johan-Denkmal vor dem Osloer Schloß, das von 1825 bis 1848 nach Plänen des dänisch-norwegischen Architekten Hans Ditlev Frans Linstow im Empirestil erbaut wurde.

Anlegesteg vor dem Seebad Drøbak am Ostufer des Oslofjords.

Im Frogner Park, Oslos «grüner Lunge», konnte sich der Bildhauer Gustav Vigeland (1869–1943) künstlerisch frei entfalten und den Park mit seinen zum Teil bizarren und heftig umstrittenen Monumenten und Skulpturen gestalten.

Sprungturm beim Fjordseebad Drøbak. Im Hintergrund ein Fährschiff der Jahre Line, die zwischen Oslo und Kiel verkehrt.

Nächste Doppelseite: Der Fridtjof-Nansen-Platz, von einem der beiden Türme des Osloer Rathauses aus gesehen. Im Hintergrund ist das gelbe, klassizistische Gebäude der Universität zu erkennen.

AEG

Das Kontor einer Ex- und Importfirma im Osloer Handelshafen.

Nach Ideen und Anregungen von Karl Friedrich Schinkel (1781–1841) wurde die Osloer Universität gebaut. In der Aula der Alma Mater befinden sich Wandgemälde von Edvard Munch.

In Oslos Historischem Museum in der Fredriksgate 2 sind die Altertumssammlung der Universität, ein Münzkabinett und Roald Amundsens ethnographische Sammlung untergebracht.

Hauptportal des Osloer Westbahnhofs. Die norwegischen Staatsbahnen verfügen über ein Streckennetz von 4250 Kilometern Länge. Die Fahrzeit von der Hauptstadt nach Bodø, der nördlichsten Bahnstation, beträgt elf Stunden.

Alljährlich zu Beginn der Parlaments-Sommerferien findet eine Parade statt, bei der der norwegische König feierlich zum Schloß eskortiert wird.

nen Jahrhunderten auf die Ostsee- und Küstenschiffahrt. Die Welt war größer geworden. Norwegische Schiffe sind nach Rio de Janeiro ebenso unterwegs wie in die USA und nach Kanada, sie transportieren Eisenbahnschienen nach Amerika, bringen Kohle aus England zu den Fabriken überall in der Welt, verschiffen das Holz aus ihren Wäldern und holen dafür Getreide aus Rußland. Von Anfang bis Mitte des vorigen Jahrhunderts war die norwegische Frachtschiffahrt international führend, Güter, die großen Frachtraum beanspruchten, wurden von norwegischen Seglern übernommen. Diese Schiffe galten als billig und zuverlässig, die Kapitäne waren oft selbst die Schiffseigner und stellten sich rasch auf den jeweilig günstigsten Auftrag ein.

«Unsere Ehre und unsere Macht, hat das weiße Segel uns gebracht», schrieb Bjørnstjerne Bjørnson 1868. Der norwegischen Handelsflotte war es gelungen, hinter England und den USA den dritten Platz einzunehmen. Allerdings folgte auf diesen Aufschwung bald die Ernüchterung: Weiße Segel hatten um die Jahrhundertwende endgültig ausgedient – sie wurden von Dampfschiffen verdrängt.

Aber ein Dampfschiff, fünfmal so teuer wie ein Segelschiff, das konnte sich kaum einer der kleinen Kapitäne und auch nur wenige große Reeder leisten. Dazu kam, daß der Schiffsbau mit Eisen und Stahl für die Norweger neu war, und die zum Heizen des Kessels nötige Kohle mußte im Ausland gekauft werden. Zur Segelschiffahrt bestand eine tiefe Verbundenheit, jeder Norweger wußte schon als kleiner Knirps auf diesem Gebiet Bescheid und kannte die Schiffe vom Kielschwein bis zur Takelage, vom Ruder bis zum Galion. Noch bevor er als dreizehn- oder vierzehnjähriger Schiffsjunge anheuerte, kannte er sich auf einem Segelschiff aus. So war unter anderem die seemännische Tüchtigkeit das Kapital, dem Norwegen den wirtschaftlichen Aufschwung verdankte.

Die technische Weiterentwicklung der Schiffahrt war jedoch nicht aufzuhalten, und die Norweger mußten sich den neuen Bedingungen anpassen: Das Land brauchte vor allem eine leistungsstarke Industrie. Es genügte nicht mehr, auf die eigenen Rohstoffe zu vertrauen und Baumstämme und getrockneten Fisch zu exportieren. Geld brachte nur der verarbeitete oder veredelte Rohstoff. Der Schritt ins Industriezeitalter hatte aber gerade in der Anfangsphase – wie in allen Ländern Europas – einschneidende soziale Folgen.

Die norwegische Literatur des 19. Jahrhunderts legt ein anschauliches Zeugnis von den gesellschaftlichen Auswirkungen der Industrialisierung ab. Mit dem Fallen der Holzpreise verarmte mancher Großbauer, reiche Kaufleute mußten Konkurs anmelden, die einfachen Arbeiter, die meist vom Land kamen, wurden arbeitslos und gerieten ins soziale Abseits. In zahlreichen Theaterstücken, Romanen und Erzählungen setzten sich Norwegens Dichter kritisch mit den Problemen der sich rasch entwickelnden Industriegesellschaft auseinander. So unter anderem Bjørnson in seinem Drama «Ein Bankrott» (1875), in dem er noch vor Ibsens sozialkritischen Stücken das skrupellose Gewinnstreben seiner Landsleute thematisiert und anklagt oder Knut Hamsun in seinem Roman «Hunger» (1890), um nur zwei herausragende Beispiele der norwegischen Literatur dieser Zeit zu nennen.

Soziales Elend zwang viele Norweger, ihre Heimat zu verlassen, um jenseits des großen Teiches neu zu beginnen. So brach in den Jahren 1865 bis 1914 eine Art Amerikafieber aus, 674 000 Menschen verließen das Land. Heute gibt es etwa 2,6 Millionen Amerikaner norwegischer Abstammung, fast jeder Norweger hat Verwandte in den Staaten.

Die Entscheidung, zu emigrieren oder zu bleiben, glich allerdings fast einer Wahl zwischen Pest und Cholera. In keineswegs immer seetüchtigen, uralten und schwerfälligen Holzseglern saßen die Familien der Auswanderer zwischen ihrem spärlichen Hab und Gut, eingepfercht im Zwischendeck, ein Fäßchen Sauermilch und Fladenbrot gegen Hunger und Durst, die Bibel zum Trost. Jeder war für seine Verpflegung selbst verantwortlich, die Männer mußten an die Wasserpumpen, damit das Schiff nicht unterging. Die Kapitäne scherten sich nicht weiter um ihre «Fracht», ihnen war es egal, wieviele Menschen die Fahrt überlebten, sie waren nur am Profit interessiert. Hinter diesen Kapitänen verbargen sich manchmal als Auftraggeber und Schiffseigner geachtete norwegische

HOLMENKOLLEN – MEKKA DER WINTERSPORTLER

Nach dem Wahrzeichen von Oslo befragt, werden die meisten bestimmt das Rathaus nennen, diesen massigen Backsteinbau, der markant am Hafen liegt. Fällt aber das Stichwort Sport, gibt es nur eine Antwort: der Holmenkollen. Er ist Oslos Hausberg und das Mekka der Wintersportler, zumindest der Norweger. Der Vergleich mit einem Pilgerziel trifft für den Holmenkollen durchaus zu, haben die Norweger doch ein nahezu religiöses Verhältnis zum Sport, in erster Linie zum Wintersport. Sie pilgern zu den Stätten ihrer Ski-Idole, und wer nicht einmal in seinem Leben am Holmenkollen gewesen ist, gilt als schlechter Sportsfreund und in gewisser Weise wohl auch nicht als guter Norweger.

371 Meter erhebt sich der Holmenkollen über dem Oslofjord, den man unten im Licht glänzen sieht. Kurz unterhalb des höchsten Punktes liegt, wie eine markante Nase am Berg, die Sprungschanze, die den Berg so berühmt gemacht hat. Seit 1892 dient sie den Skispringern als Anlauf zum Flug. Damals lag der Schanzenrekord bei 21,50 Meter; heute erreichen die Skispringer die vierfache Weite, der Rekord liegt bei über 110 Meter. Der heutige Bau hat mit der ursprünglichen Schanze nur noch den Standort gemeinsam. Früher bestand alles aus Holz, die Zuschauertribünen, das Gerüst, die Leitern für den Aufstieg. Heute ist fast alles aus Stein und Beton. Und für den Anlauf benötigt man auch keinen Schnee mehr: Die Schanzenspur ist bis hinab zum Schanzentisch aus Porzellan, eine Entwicklung der norwegischen Porzellanfabrik in Porsgrund. Weltweit bekannt wurde die Holmenkollenschanze durch die jährlich dort stattfindenden internationalen Skispringen, bei denen die sportbegeisterten Norweger eine unvergleichliche Atmosphäre schaffen. 1952 fand anläßlich der Winterolympiade in Oslo am Holmenkollen vor 120 000 Zuschauern das Springen statt, in den Jahren 1966 und 1982 die Weltmeisterschaft der Skispringer. Doch nicht nur die Skispringer haben auf dem Berg ihr Revier, auch die Elite der Langläufer gibt sich beim Holmenkollenlauf nahezu jedes Jahr seit 1892 ein Stelldichein.

Doch beleben nicht nur Spitzensportler den Holmenkollen. Seit 1915 führt die Holmenkollenbahn den Hang hinauf. 1898 eröffnet, war sie Norwegens erste elektrische Vorstadtbahn und verkehrte damals von Majorstuen bis Slemdal. Das ganze Jahr über fahren Skifahrer, Wanderer und seit neuestem auch Mountainbikefahrer den Berg hinauf. Wenn man Glück hat, erwischt man noch einen der alten, mit Holz verkleideten Wagen. Gemütlich rumpelt die Bahn den Berg hinauf und bietet auf ihrer Strecke immer wieder neue Aussichten auf die Hauptstadt. An den Hängen des Holmenkollen erstreckt sich Oslos teuerstes Wohngebiet, das entlang der Bahnstrecke entstanden ist. Um einen ganzjährigen Verkehr und ausreichend Fahrgäste zu sichern, verkaufte die Stadt 1895 200 Grundstücke entlang der geplanten Strecke. Heute sind von den Villen im Stil der Jahrhundertwende noch manche erhalten.

Die Ausflugstradition auf den Holmenkollen ist fast hundert Jahre alt. Am Fuße der Schanze zeigt das Skimuseum die Reliquien der Ski-Idole, vom Erfinder der festen Skibindung, Sondre Norheim aus der Provinz Telemark, bis hin zu dem legendären Skispringer Birger Ruud. Vom Museum führt der Aufzug zur Spitze der Sprungschanze, die sich in einer Höhe von 417 Metern befindet. Von dort bietet sich ein schöner Rundblick über das umliegende Land. Weiter oben sieht man »Frognersetern« liegen, die Frogner»alm«. Dieses stilvolle Ausflugslokal hat seit 1916 ebenfalls einen Bahnanschluß. Und sogar die Sprungschanze hat im Sommer eine Verwendung gefunden: Auf dem See, wo im Winter die Springer auf Eis und Schnee landen, schwimmt eine künstliche Insel, die als Bühne für Konzerte und Theater dient. Das Tribünenoval der Schanze liegt wie ein Amphitheater am Ufer des Sees. Sommerkollen nennen sich die hier stattfindenden Veranstaltungen. Oslo ist eben mehr als nur eine Winterhauptstadt. *Ralf Schröder*

Rechts: In Holmenkollen, den bewaldeten Höhen im Nordwesten Oslos, befindet sich die berühmteste Sprungschanze der Welt.

Links oben: Der norwegische Skispringer Sørre Jensen bei einem damals sensationellen Sprung von 42,5 Metern (Foto von 1920).
Mitte oben: Seit etwa 1850 ist Holmenkollen ein vielbesuchtes Naherholungsgebiet. Das dortige Hotel bot den Gästen schon um die Jahrhundertwende jeden Komfort (Foto von 1905).
Mitte unten: Auch im Sommer wird die Anlage der Holmenkollenschanze genutzt. Beim sogenannten Sommerkollen finden hier Open-Air-Veranstaltungen statt.

Oben: Deutsche Soldaten auf der Karl Johans Gate vor dem Osloer Schloß. 1940 besetzten deutsche Truppen, einer britischen Landung zuvorkommend, das Land. Der König und seine Regierung flohen nach London. Vidkun Quisling, der zu dieser Zeit Minister war, kollaborierte mit der deutschen Besatzungsmacht.

Unten: Der Nationalfeiertag am 17. Mai wird in Norwegen als großes Volksfest mit Umzügen und Paraden begangen. Der Feiertag geht auf die verfassungsgebende Versammlung von Eidsvoll im Jahr 1814 zurück. Damals mußte Dänemark im Frieden zu Kiel Norwegen an Schweden abtreten. Die norwegische Nationalversammlung verabschiedete daraufhin in Eidsvoll eine konstitutionelle Verfassung für ein unabhängiges Königreich Norwegen, die die Norweger trotz der erzwungenen Personalunion mit Schweden durchsetzen konnten.

Oben links: Die norwegische Sängerin und ehemalige Intendantin der Osloer Oper Kirsten Flagstad (Foto von 1956).

Oben rechts: Am Nationalfeiertag nimmt der regierende König, seit 1991 Harald V., mit seiner Familie die traditionelle Parade vor dem Osloer Schloß ab.

Mitte links: Der Saxophonist Jan Gabarek gehört neben anderen norwegischen Jazz-Musikern zur europäischen Avantgarde.

Mitte rechts: Eine Sitzung im Storting, dem norwegischen Parlament. Das Storting, die gesetzgebende Gewalt, wird durch das Vetorecht des Königs kontrolliert. Die 165 Mitglieder des Parlaments repräsentieren die 19 Regierungsbezirke Norwegens.

Unten links: Knut Faldbakken, einer der wichtigsten norwegischen Romanciers der Gegenwart.

Unten rechts: Seit 1901 verleiht das norwegische Parlament den Friedens-Nobelpreis. Der erste Preisträger war der Gründer des Roten Kreuzes, Henri Dunant. Als vierter Deutscher wurde 1971 der damalige Bundeskanzler Willy Brandt mit dem Friedens-Nobelpreis ausgezeichnet.

Fischerboote und Lagerhaus im Hafen von Honningsvåg auf Magerøya. In dem Fischerdorf leben 4000 der insgesamt 5100 Bewohner der nördlichsten Insel Norwegens.

Konsuln und Großkaufleute. Diese sogenannten «Stützen der Gesellschaft» entlarvte Henrik Ibsen in seinem gleichnamigen Drama (1877) und prangerte ihre gnadenlose menschenverachtende Haltung an.

Die Verhältnisse auf den Schiffen besserten sich erst um 1910, als mit komfortablen Dampfschiffen die Amerikalinie von Oslo nach New York eröffnet wurde.

Einen kurzfristigen, aber recht deutlichen wirtschaftlichen Aufschwung bescherte den Norwegern der Erste Weltkrieg. Sie nutzten den von den Großmächten garantierten Status der Neutralität zu ihrem Vorteil und versorgten mit ihrer Handelsflotte jeweils das kriegsführende Land, das am besten zahlte. Zu Beginn des Krieges waren das die Deutschen, später die Engländer. Schlimme Folgen hatte diese Politik erst, als Deutschland den uneingeschränkten U-Boot-Krieg erklärte und rücksichtslos alle Schiffe, egal ob sie in kriegerischer oder in friedlicher Mission unterwegs waren, torpedierte. Noch einschneidender als der Verlust von Schiffen und Seeleuten war für Norwegen nach dem Krieg die einsetzende Inflation. Wieder herrschten Arbeitslosigkeit und soziales Elend.

Vielleicht war es kein Zufall, daß im letzten Kriegsjahr Knut Hamsuns Roman «Segen der Erde» erschien, und vielleicht war es auch kein Zufall, daß der Autor für dieses «monumentale» Werk 1920 mit dem Literatur-Nobelpreis ausgezeichnet wurde. Angesichts der oft menschenunwürdigen sozialen Situation in einer industriellen Massengesellschaft erscheint das uralte norwegische Ideal vom naturverbundenen, einfachen Leben, dargestellt in der Geschichte eines Mannes, der die Zivilisation verläßt, um in der Wildnis ein Stück Land urbar zu machen und nur von dem, was die Erde gibt, zu leben, als sehr verlockende Alternative.

Am 9. April 1940 wurde Norwegen trotz erneuter Neutralitätserklärung von deutschen Truppen besetzt. Dieser Überfall hatte neben den militärisch-strategischen auch wirtschaftliche und rüstungstechnische Ziele: Man wollte sich das von Narvik aus verschiffte schwedische Erz für die Schmelzöfen der Kruppschen Rüstungsindustrie sichern. Bald

Im Hafen von Stavanger werden die Nordsee-Bohrinseln der norwegischen Ölindustrie gewartet.

stellte sich jedoch heraus, daß es der Besatzungsmacht um wesentlich mehr ging. Sie ließ nichts unversucht, das Land im Sinne der nationalsozialistischen Ideologie umzugestalten. Der Dichter Knut Hamsun ließ sich infizieren und sah Möglichkeiten zur Verwirklichung seiner Ideale vom einfachen, bodenständigen Leben. Er mußte seinen Irrtum schwer büßen, ihm wurde nach dem Krieg der Prozeß gemacht. Man hat ihm seine ideelle Kollaboration zu Lebzeiten nicht mehr verziehen. Erst seit einigen Jahren wird der große Schriftsteller im eigenen Land wieder geachtet.

Das norwegische Volk wehrte sich gegen die Okkupation, und es gab starken Widerstand gegen die nationalsozialistische Ideologie, insbesondere wandte man sich vehement gegen eine Nazifizierung der Schulen; viele norwegische Lehrer wurden aufgrund ihrer Weigerung, nationalsozialistische Parolen zu verbreiten, verhaftet und in Konzentrationslager gebracht.

Nordnorwegen war am meisten von den Kämpfen zwischen Russen, Engländern und Deutschen betroffen.

Diese leidvollen Erfahrungen, in zwei Kriegen der Willkür der Weltmächte ausgeliefert zu sein, bewog die Norweger nach dem Krieg, ihre neutrale Haltung aufzugeben und dem Nordatlantischen Verteidigungsbündnis beizutreten.

Das Königreich Norwegen heute

Harald V. heißt der seit 1991 amtierende König und trägt damit den Namen ruhmreicher Wikingerkönige. Mit diesen gemein hat der Monarch des demokratischen Norwegen außerdem seine Segelleidenschaft – er hat dreimal an den Olympischen Spielen teilgenommen. Als König einer konstitutionellen Monarchie kann er ein Vetorecht bei der Gesetzgebung ausüben, und er ist nominell der oberste Befehlshaber der Streitkräfte. Nach 1945 stellte häufig die Arbeiterpartei den Ministerpräsidenten; in den letzten Jahren hatte eine Frau dieses Amt inne: Gro Harlem Brundtland. Im Oktober 1989 wurde ihre Regierung aber von den Konservativen abgelöst.

Für die wirtschaftliche Entwicklung des modernen Norwegen waren zweifellos die Ölfunde im Nordseeschelf vor der Küste von erheblicher Bedeutung. Seit 1969 sprudelt hier das Erdöl. Das Erdgas wird in Rohrleitungen bis in die Bundesrepublik exportiert. Plötzlich war das Land reich, doch die Norweger sind sich keineswegs darüber einig, ob dieser Reichtum ein Segen ist. Mein norwegischer Übersetzerkollege Tom meinte zwar, es sei ein schönes Gefühl, endlich etwas wohlhabender zu sein als die Schweden, aber gleichzeitig schimpft er über die Preissteigerungen und fährt nach Schweden, weil dort zum Beispiel der Zucker billiger ist. Für einen Wohlfahrtsstaat rangiert eben der gesellschaftliche vor dem individuellen Wohlstand. Und was die sozialen Errungenschaften anbelangt, da nimmt Norwegen eine führende Position unter den westlichen Industrieländern ein. Kein Bürger muß befürchten, daß sich sein Lebensstandard durch Krankheit, Alter oder Unfall wesentlich verschlechtert; er ist durch eine Volkspension abgesichert. Die Arbeitslosigkeit beträgt derzeit nur etwa vier Prozent.

Mit seinen Erdöl- und Erdgasvorkommen spielt Norwegen zwar in gewisser Weise seine alte Rolle als Rohstofflieferant, begnügt sich aber keineswegs damit. Heute gilt als eine der bedeutendsten norwegischen Industrien die Datentechnologie. Hier haben die Norweger Beachtliches geleistet, und auf dem Gebiet der Telekommunikation sind sie führend in der Welt. Bei einer Bevölkerungszahl von vier Millionen Einwohnern werden immerhin 100 000 Mobiltelefone betrieben und es besteht ein eigenes Satellitensystem, um zu den zahlreichen norwegischen Inseln, Schiffen und Bohrinseln jederzeit eine Verbindung herstellen zu können. Es ist auch ganz selbstverständlich, daß die Busfahrerin eines Linienbusses plötzlich zu ihrem Telefon neben dem Fahrersitz greift und zu Hause anruft, um mitzuteilen, daß sie später kommt oder von der Tochter angerufen wird, um den Einkauf fürs Wochenende zu besprechen.

So sind Datenverarbeitung und Telekommunikation die norwegischen Industriezweige der Zukunft und das nicht nur landesintern, sondern genauso für den Export. Norwegen will sich in jeder Hinsicht dem übrigen Europa und der Welt öffnen. Man bemüht sich, mehr zu sein als nur ein Teil Skandinaviens.

Diese Politik begann nach dem Zweiten Weltkrieg, als Norwegen den Vereinten Nationen beitrat. Norwegen gehört zu den Gründungsmitgliedern und stellte außerdem mit Trygve Li von 1946 bis 1953 den ersten Generalsekretär. Die Mitgliedschaft in der UNO ist ein wichtiger Bestandteil der norwegischen Außenpolitik, und norwegische Soldaten sind maßgeblich beteiligt an Einsätzen der UN-Friedenstruppen.

Ein schon sehr lange und heftig diskutiertes Problem Norwegens ist das Verhältnis zum gemeinsamen Europa. Im Jahre 1972 war die Regierung zum Beitritt in die EG bereit, doch bei einer Abstimmung sprach sich das Volk dagegen aus. Heute nimmt die Europäische Union fünfundsiebzig Prozent der norwegischen Ausfuhr ab und deckt die Hälfte des norwegischen Imports. So werden die Stimmen, die Norwegen als Mitgliedsland sehen wollen, immer lauter – doch eine neue Volksabstimmung sprach sich wieder dagegen aus.

Auch auf kulturellem Gebiet versucht Norwegen, aus seiner skandinavischen Isolation herauszukommen. Das Philharmonische Orchester Oslo, 1871 von Edvard Grieg ins Leben gerufen, unternimmt unter seinem Dirigenten Mariss Jansons mehr und mehr weltweite Konzertreisen, und Jazz-Musiker wie Terje Rypdal oder Jan Gabarek gehören zur europäischen Avantgarde. Und was die Literatur angeht, will man sich vom Image der Bauernromane und der ewig singenden Wälder endlich befreien. Die moderne norwegische Literatur, ihr in Deutschland wohl bekanntester Vertreter ist Knut Faldbakken, legt Wert darauf, am internationalen Maßstab gemessen zu werden und nicht an der einstigen Provinzialität des Fjordbauernlandes.

Das moderne Norwegen will Partner der europäischen Staaten sein, ohne dabei jedoch seine kulturellen Eigenheiten und Traditionen aufzugeben oder dabei die Liebe zu Norwegens Fjorden und Fjellen verleugnen zu müssen.

Hauptportal des Trondheimer Nidaros-Doms. Der Bau wurde 1869 unter der Leitung des Leipziger Architekten Heinrich Ernst Schirmer begonnen und von dem Norweger Christian Christie, der den Bildhauer Gustav Vigeland mit der Fassadengestaltung beauftragte, weitergeführt.

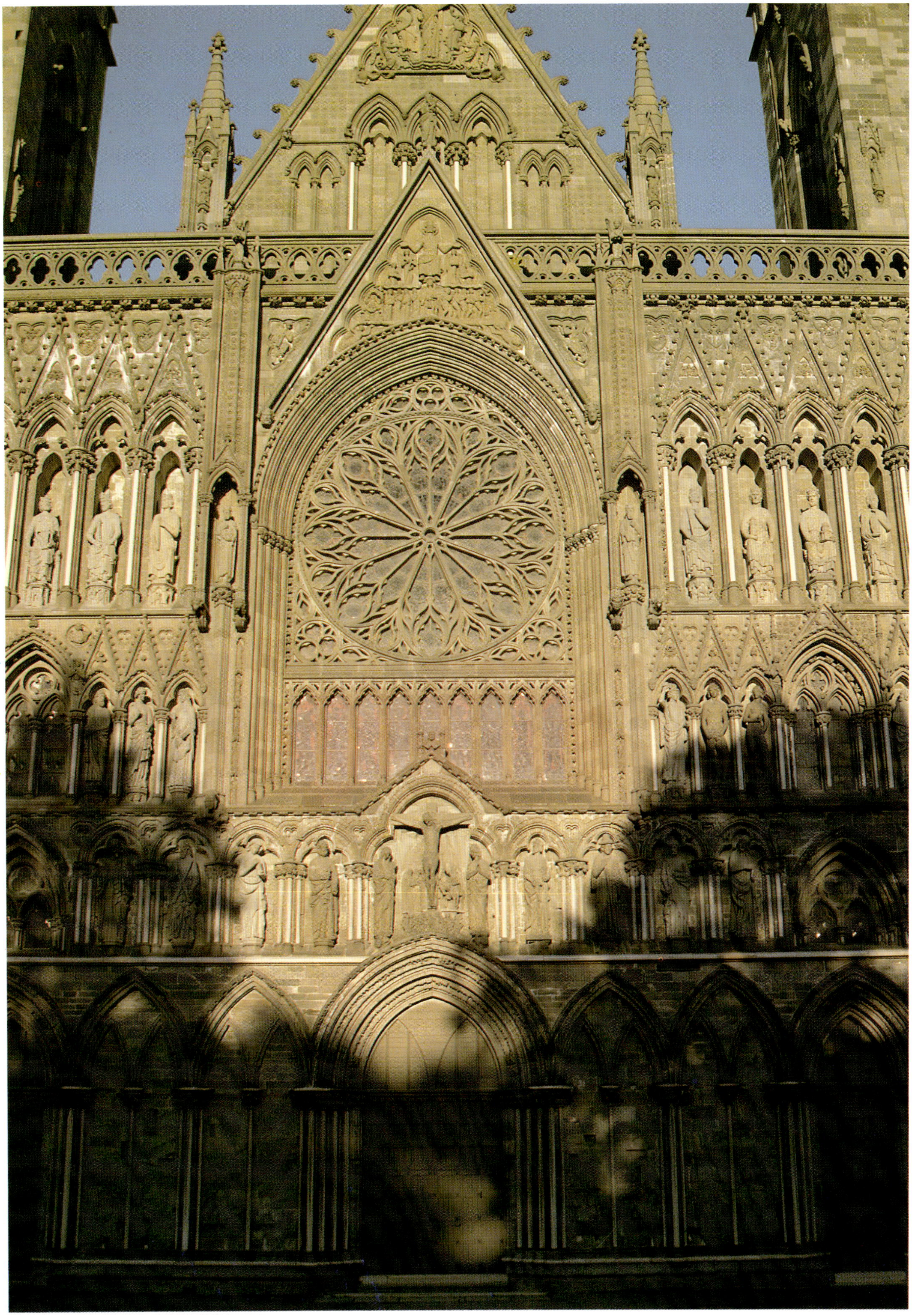

Nächste Doppelseite: Das «Venedig Norwegens». Blick auf die Hafenstadt Ålesund, die nach einem Großbrand 1904 mit Unterstützung des deutschen Kaisers Wilhelm II. wiederaufgebaut wurde. Im Zentrum der Altstadt stehen sehr schöne Jugendstilhäuser.

PARKEN HOTEL

Nachbau eines Wikinger-Drachenbootes im Lustrafjord, einem nordöstlichen Nebenarm des Sognefjords, der von hier bis zum Meer etwa 175 Kilometer lang ist. Die Drachen-Galionsfiguren an Heck und Bug der Wikingerschiffe sollten böse Geister abwehren und eine gute Fahrt bzw. einen siegreichen Kampf garantieren. Heute können Touristen kleine Fjordrundfahrten mit diesen Booten machen.

Die Langfjordfähre verkehrt zwischen Soles und Afarneg (Provinz More og Romsdal).

Im Hafen von Trondheim. Die Stadt erlebte ihre wirtschaftliche Blüte im 17. und 18. Jahrhundert und wurde nach der Trennung Norwegens von Dänemark 1814 zu einem wichtigen mittelnorwegischen Handelszentrum.

Nächste Doppelseite. Oben links: Die 1150 in Borgund errichtete Stabkirche gehört zu den besterhaltenen Norwegens. Oben rechts: Heide und verwitterte Wurzeln am Vilnesfjord nördlich des Sognefjords. Unten: Auf der Europastraße 6 bei Borgund in der Provinz Oppland.

Das Plateaugletschergebiet Jostedalsbreen erstreckt sich auf einer Höhe von 2000 Metern über eine Eisfläche von 486 Quadratkilometern. – Oben: Snauedalen; unten: die Ausläufer des Suphellenipa-Gletschers.

Vorhergehende Doppelseite: Der Fjord von Veitastrondsvatnet unterhalb des Gletschergebietes Jostedalsbreen.

Von Südwest nach Nordwest ist der Jostedalsbreen etwa 70 Kilometer lang, seine Eismächtigkeit erreicht eine Stärke von 500 Metern. – Oben: Gletscherzunge vom Kateenakken; unten: Felsen im Langedalen.

Gasse im alten Zentrum der Hafenstadt Bergen, der zweitgrößten Stadt Norwegens. Sie wurde um 1070 von König Olav III. Kyrre gegründet und war im 12./13. Jahrhundert Hauptstadt. Vom 13. bis zum 16. Jahrhundert bestimmte die Hanse die Wirtschaft Bergens.

Kaufmannshöfe, Handelskontore und Lagerhäuser aus der Zeit der Hanse im Bergener Bryggen-Viertel. Die zahlreichen Holzhäuser wurden aber erst nach dem großen Brand von 1702 errichtet.

Die Tyske Bryggen (Deutsche Brücke) war das Wohn- und Handelsviertel der deutschen Hanse-Kaufleute in Bergen.

Die Stabkirche von Kaupanger besteht aus zwanzig Masten. Der Innenraum der Kirche ist in seiner ursprünglichen Form noch gut erhalten, das Äußere wurde hingegen in den letzten Jahren modernisiert.

Vorhergehende Doppelseite: Rentierherde bei Skaidi in der Finnmark.

Abenteuer am Polarkreis: Reisebilder aus dem 19. Jahrhundert

Ferdinand Krauß' Nordlandfahrt im Jahr 1888

Du armes, steiniges Norwegen, du ödes, trostloses Nordland, du trauriges Finmarken mit deiner vegetationslosen Tundra, was hat die Natur, die weise, allgütige Vorsehung für euch gethan, welche Gaben hat sie euch gewährt? So könnte man wohl vorwurfsvoll fragen. Und wir können antworten: Die Schöpfung gewährte in ihrem unerforschlichen Rathschlusse euch [Norwegern] drei herrliche Gaben; sie bevölkerte das Meer mit unermesslichen Scharen von Fischen, den Früchten des Meeres, sie lenkte den warmen Golfstrom nach eurer West- und Nordküste, um das Meer offen zu halten für eure Boote und das rauhe Klima zu bekämpfen und zu mildern, sie gab euch den purpurrothen Schein der Mitternachtssonne, die mit ihren Strahlen in einem einzigen, ewigen Tag, der nach Monaten zählt, die öden Felsenwüsten der Tundra verschönert und verklärt, und wunderbar schnell aus dem starren Fels ein reiches Pflanzenleben erweckt und die Saat des Landsmannes zur Reife bringt.

Diese drei Gaben hat die Natur dem Nordland vorbehalten und sie machen uns allein das Räthsel der Existenz der Menschen in diesem Gewirre von kahlen Felsenspalten und zerrissenen starren Riffen und Eilanden erklärlich.

Mit dem Postschiff unterwegs

Die ungeheueren Entfernungen Skandinaviens werden sich uns auf der eigentlichen Nordlandsfahrt, welche die 210 norwegische Meilen lange Strecke Drontheim – Vadsø umfasst, in sehr empfindlicher Weise geltend machen; braucht doch das Postschiff zu dieser Fahrt nicht weniger wie 7 bis 8 Tage, somit tour und retour mindestens 14 bis 16 Tage; das Schiff wird somit wochenlang unser Heim bleiben und es wird daher eine der ersten Aufgaben jedes Nordlandsfahrers sein, sich ein gutes Schiff und vor Allem eine eigene Cabine zu sichern.

Die vereinigten Bergenser und Nordenfjeldske Dampfschiffsgesellschaften unterhalten drei regelmäßige Routen zwischen Hamburg – Vadsø und Christiania – Hammerfest und Nordcap anlaufend; die Schiffe dieser Routen sind zugleich Postschiffe, berühren abwechselnd viele Orte der Inseln wie der innersten Fjorde und ziehen auch die ganze Kette der Lofodden entlang.

Außer diesen Postschiffen unterhalten die Gesellschaften auch bisher zweimal wöchentlich (jetzt dreimal wöchentlich projectiert), während der Dauer der Mitternachtssonne eine specielle Touristen-Route zwischen Drontheim bis Nordcap, welche von einigen mit besonderem Comfort eingerichteten, großen Dampfern tour und retour in acht Tagen zurückgelegt wird. Beide Routen haben ihre speciellen Vortheile und Nachtheile. Die Postschiffe erlauben, auf jedem beliebigen Punkte das Schiff zu verlassen, die Monotonie der Fahrt zu unterbrechen und Landtouren zu machen, insbesonders können wir auf ihnen mit dem norwegischen Volke in innigen Verkehr treten. Lehrer und Professoren, die von einer Station in eine andere übersetzt wurden, Studenten, die auf Ferienreisen begriffen sind, und Kaufleute, die von Handels- oder Vergnügungsreisen heimkehren, finden sich nahezu immer unter der Reisegesellschaft und sind stets bereit, meist in deutscher Sprache uns über alle Fragen die interessantesten Aufschlüsse zu geben, ebenso bieten das Aus- und Einladen der Waren, der Besuch befreundeter Familien auf dem Schiffe, kleine Ausflüge in das Land bei längerem Aufenthalt und

«HURTIGRUTEN» – LEBENSADER DES HOHEN NORDENS

Was den Mitteleuropäern das Auto, das ist den Norwegern das Schiff. In einem Land, wo sich Gebirge auftürmen, Fjorde das Land zerschneiden und scheinbar unendliche Wälder den Weg verstellen, ist der Seeweg in Norwegen oftmals die einfachste Möglichkeit, von A nach B zu kommen. Das Auto brauchte aufgrund der geographischen Gegebenheiten in Norwegen länger als in Mitteleuropa, um sich als *das* Verkehrsmittel durchzusetzen. So haben einige Orte erst in den letzten zehn bis 20 Jahren Straßenanschluß bekommen. Henningsvær auf den Lofoten, das erst 1983 über eine Brücke zum erstenmal Autos ins Dorf ließ, darf als Beispiel für viele andere Ortschaften, vor allem in Nordnorwegen, stehen. Boote und Schiffe waren für die Küstenbewohner seit je unverzichtbare Verkehrsmittel und sind es teilweise immer noch.

Wenn im Winter die Europastraße 6 aufgrund von Schneefällen gesperrt wird und die Bahn sowieso nur bis Bodø fährt und auch die Düsenjets, die Oslo in weniger als zwei Stunden mit Bodø, Alta, Tromsø oder Evenes bei Narvik verbinden, wegen Nebel oder starkem Schneefall passen müssen, dann bleibt nur noch die «Reichsstraße Nummer eins»: die Schiffslinie «Hurtigruten».

«Hurtigruten», das sind die Postschiffe, die täglich um 22 Uhr in Bergen ablegen und nach fünfeinhalb Tagen Kirkenes an der Grenze zu Rußland erreichen. Ihre legendäre Zuverlässigkeit schlägt alle modernen Konkurrenten. Nur bei Orkan kann es zu Verspätungen kommen, schlimmstenfalls können kleine Häfen nicht mehr angelaufen werden. Das ist aber auch schon das höchste an Abweichungen, was die Linie zuläßt, auf der 90 Prozent aller norwegischen Lotsen im Staatsdienst ihre Ausbildung durchlaufen. Allen modernen Flug-, Bahn- und Straßenverbindungen zum Trotz führen sie immer noch Post mit. Post für *Utkant-Norge*, den äußersten Rand Norwegens, für die kleinen Ortschaften auf den Inseln. 1993 feiern die «Hurtigruten» ihr hundertjähriges Bestehen. Ihr erstes Schiff hieß «Vesterålen» und verließ Trondheim am 2. Juli 1893. Zunächst fuhren die Schiffe nur einmal pro Woche die Strecke gen Norden.

«Hurtigruten», was übersetzt nur soviel wie «Schnellstrecke» bedeutet, besteht heute aus vier regionalen Reedereien, die ihren Sitz in Tromsø, Narvik, Stokmarknes auf den Vesterålen und in Trondheim haben. Allein am Sitz der Reedereien sieht man schon, wer ein besonderes Interesse an «Hurtigruten» hat: die nördlichen Provinzen, die den Kontakt zum Süden halten wollen und müssen. Die Tage im Jahr, an denen ausschließlich «Hurtigruten» die Verbindung aufrechterhält, sind selten geworden. So schreiben die traditionsreichen Postschiffe seit Jahren rote Zahlen und müssen von der Regierung bezuschußt werden. In regelmäßigen Abständen kommen Diskussionen auf im *Storting*, dem Parlament von Norwegen in Oslo, ob nicht die Zuschüsse für die «Hurtigruten» gestrichen werden sollen. Oder ob die Strecke nicht auf den Abschnitt von Trondheim nach Kirkenes verkürzt werden könne. Oder ob diese anachronistischen Schiffe nicht eigentlich verschrottet gehören.

Dann geht jedesmal ein Aufschrei durch den norwegischen Blätterwald: «Hurtigruten» darf nicht sterben. Gleichzeitig macht Nordnorwegen mobil: Die Regierung, die «Hurtigruten» angreife, greife damit auch den Norden Norwegens an. Bei den knappen Mehrheiten der letzten Wahlen kann es sich keine Regierung mehr leisten, «Hurtigruten» anzutasten. Denn nicht nur die Provinzen Finnmark, Troms und Nordland laufen Sturm, auch die ehemalige Hauptstadt Bergen profitiert mächtig davon, Ausgangsort der Schiffe zu sein.

So können Touristen im Sommer auch weiterhin die Schiffe okkupieren. Drei moderne und acht alte Schiffe aus den Fünfzigern, die allerdings mehrfach modernisiert wurden, erwarten sie. So passiert es auch weiterhin, daß sich bei der Abfahrt im Februar nur vier Passagiere auf einem Schiff verlieren. So stehen in Bergen die Urlauber weiterhin mit ihren Koffern zwischen Fracht und Gabelstaplern und suchen einen Aufenthaltsraum am Kai, den es aber gar nicht gibt. Und so können wir hoffen oder fürchten, das kommt auf den Standpunkt an, daß alles so bleibt, wie es ist. *Ralf Schröder*

Die «Vesterålen», erstes Schiff der Hurtigruten.

Bereits vor hundert Jahren hatte man sich auf den immer beliebter werdenden Fjord-Tourismus eingestellt: Kutschen stehen für Ausflüge der Kreuzfahrtteilnehmer in die herrliche Landschaft bei Judvangen im Naerøyfjord bereit (Foto um 1900).

namentlich der Verkehr mit den Deckpassagieren, meist aus Fischern, Lappen ec. bestehend, dem Reisenden dankbarsten Stoff zu Beobachtungen. Wer somit über genügend Zeit zu verfügen hat, unabhängig reisen und dabei Land und Volk möglichst gründlich kennen lernen will, wird mit den Postschiffen fahren. Die Touristenschiffe dagegen bieten wieder den Vortheil, mit größtem Comfort in der kurzen Zeit von 8 Tagen die ganze Tour bis zum Nordcap und zurück, unter Berührung der landschaftlich großartigsten Punkte der Westküste, darunter auch die Fahrt durch den wilden Raft-Sund und den von Eisfeldern umschlossenen Tyngen-Fjord, welche von den Postschiffen nur tangiert werden, rücklegen zu können. Der Tourist ist hier jedoch an sein Schiff gebunden und muss auch bei Eintritt von schlechtem Wetter die einmal begonnene Tour ununterbrochen fortsetzen und auf den früher erwähnten innigen Contact mit der einheimischen Bevölkerung verzichten.

Der Fahrpreis im Jahr 1888

Die Fahrpreise stellen sich auf den Postschiffen mit 40 Øre erster und 25 Øre zweiter Classe per Meile, wobei jedoch bei Touren über 20 Meilen Tour-Retourbillets mit 25% Nachlass ausgegeben werden. Der Fahrpreis für die Route Drontheim–Nordcap und retour, welche 10 Tage erfordert, beträgt erster Classe 120 Kronen, dazu für 10 Tage die Verköstigung am Schiffe, pauschaliert mit 5 Kronen 50 Øre (sammt Trinkgeld) pr. Tag, zusammen 55 Kronen; somit stellen sich die Gesammtkosten für die Nordlandsfahrt inclusive Verköstigung (ohne separate Weine) mindestens auf 180 Kronen.

Auf den Touristikschiffen stellt sich der Preis für die achttägige Fahrt sammt voller Verköstigung auf 265 bis 275 Kronen (genau 284 bis 307 Mark), und wer sich mit einem Schlafplatz im allgemeinen Salon begnügt, kann selbst um 220 Kronen das Touristenschiff, welches ausschließlich für Passagiere erster Classe bestimmt ist, benützen. Wer mit Familie auf den Postschiffen reist, erhält weitere, bedeutende Ermäßigungen; so zahlt z. B. die Gattin eines Passagiers oder ein Kind desselben nur den halben Preis; diese Fahrpreisermäßigungen werden jedoch bei den Touristenschiffen nicht gewährt.

An Wasser herrscht in ganz Norwegen kein Mangel: tosender Wasserfall des Lotefoss (Foto von 1895).

Combinieren wir somit die gesammten Fahrtkosten einer Nordlandsfahrt, so stellen sich die Kosten über Stettin, wie folgt: Stettin-Christiania per Dampfschiff I. Classe 48 Kronen, Christiania-Drontheim, Bahn II. Classe 30 Kronen; Drontheim-Nordcap und retour Postschiff I. Classe 120 Kronen, Drontheim-Hamburg, Schiff I. Classe 76 Kronen, somit im Ganzen von Stettin-Nordcap und zurück nach Hamburg auf mindestens 274 Kronen, dazu kommen die Verköstigungskosten ec. mit mindestens 6 bis 10 Kronen per Tag, und bei Landrouten die Kosten per Tag, und bei Landrouten die Kosten für Cabriolet ec. Unter 600 Kronen wird somit eine vier- bis fünfwöchentliche Nordlandsfahrt selbst bei bescheidenen Ansprüchen nicht auszuführen sein.

Eine Kajüte in der Ersten …

Die Cajüte I. Classe hat einen stets sehr elegant eingerichteten, ringsum von sammtgepolsterten Bänken umgebenen Salon, mit Pianino und Blumenflor, der durch mächtige Windfänger stets frische Luft zugeführt erhält, daran schließen sich längs der Schiffswände beiderseits 5 bis 6 Cabinen, darunter die Cajüte des Capitäns, wovon nur die Damencabine eine größere Anzahl Betten enthält, während die übrigen Cabinen nur zwei Betten und ein Sammetsopha enthalten. Die übereinander angebrachten Betten hängen in Gurten und bestehen aus einer elastischen Federmatratze nebst dem gewöhnlichen Bettzeug; die Beleuchtung mit elektrischen Glühlampen ist erst auf wenigen Schiffen eingeführt. Dagegen ist nicht nur jede Cabine, sondern es sind auch der Salon, das Damenboudoir und das Rauchzimmer mit der Restauration telegraphisch verbunden; eine elegante Toilette mit completem Waschservice vervollständigen das Ensemble der Cabine, die durch eine runde Schiffsluke erleuchtet wird.

oder in der Zweiten Klasse

Eine Ermäßigung der Reisekosten könnte bei Dampfschiffen nur durch Benützung der II. Classe ermöglicht werden; die Benützung der II. Classe ist jedoch auf einer Fahrt, wo man wochenlang auf den engen Raum des Schiffes gebunden ist, durchaus abzurathen.

Sonntagsausflügler um die Jahrhundertwende im Naerødal.

Nächste Doppelseite: Fischmarkt in Bergen um die Jahrhundertwende.

LLAND
HANDEL

Christian G. Hilt.
Christian G. Hilt.

Norwegische Trachten aus der Mitte des vorigen Jahrhunderts.

Die II. Classe liegt im Gegensatz zu der I. Classe, die im Vorderraum des Schiffes placiert ist, rückwärts in der Nähe der Küchen und Dampfkessel und bietet der kleine dumpfige Salonraum der zweiten Cajüte einen wenig erträglichen Aufenthalt für den durch die lange Fahrt ohnehin meist sehr abgespannten Touristen. Dagegen stehen die Cabinen verhältnismäßig, namentlich was die Betten betrifft, den Cabinen erster Classe wenig nach und so mag, wenn der Capitän, wie meist der Fall, ein jovialer Mann ist, der den Begriff der zweiten Cajüte nicht zu engherzig auffasst, und unter tags sich um die Amalgamierung der Passagiere erster und zweiter Classe nicht kümmert, ein Tourist mit kleinem Beutel immerhin sein Glück mit der zweiten Cajüte versuchen.

Es muss bei einer Nordlandsfahrt unsere erste Sorge sein, sich den Besitz so eines kleinen, reizenden Zimmerchens zu sichern, denn das Gefühl für alle Fälle eine Heimstätte zu haben, gibt uns Kraft und Muth, um dem Ungemach einer derartigen Reise leichter zu trotzen.

Zu diesem Zwecke ist es nothwendig, schon in Christiania, bei dem Expeditor der Gesellschaft, Berg-Hansen, der die Pläne aller Schiffe besitzt, oder bei den Comptoiren der Gesellschaft in Bergen und Drontheim brieflich oder telegraphisch sich eine Cabine zu bestellen; wer aber dieses versäumt hat, begebe sich mindestens sogleich nach seiner Ankunft in Drontheim auf das Schiff, welches hier mindestens einen Tag liegt, und trachte noch eine Cabine zu acquirieren. Die Vertheilung der Cabinen und die Unterbringung der Passagiere ist meist Sache des Opvarters, des Kellners, der leider nahezu ausnahmslos kein Wort deutsch versteht. Es ist dies ein Übelstand, der sich namentlich bei der Abrechnung am Schlusse einer Reise oft recht unangenehm fühlbar macht, denn diese Herren sind schon meist von der Cultur stark beleckt und bei Remonstrierung gegen Übervortheilung recht schwerhörig geworden.

Verpflegung an Bord

Nachdem wir nun schon einmal bei dem Küchenpersonale angelangt sind, so möchten wir uns auch gleich mit der nicht unwichtigen Frage von Tisch und Tafel näher befassen.

Die Küche ist auf allen nordischen Dampfschiffen überaus opulent, leidet jedoch, namentlich was Suppe und Gemüse betrifft, an großer Monotonie. In früher Morgenstunde wird zuerst Thee und Kaffee serviert, was jedoch der Nordländer noch nicht zum Frühstück zählt, erst um 8 bis 9 Uhr tönt die große Glocke, mit welcher der Opvarter die Table d'hôte zusammenläutet.

Mit dem Zug von Christiania nach Kongsberg

Wir hatten den wöchentlich im Zeitungsformat erscheinenden Fahrplan aller Bahn- und Dampfschifflinien Norwegens, den «Norges Comunicationer», diesen Katechismus aller Nordlandfahrer, gründlich studiert, und da stand es schwarz auf weiß, dass heute Abends 10 Uhr der «Björgvin» von Christiania nach Stavanger auslaufen wird; aber ein Sturmwind war dem «Björgvin» über Nacht in die Spieren gefahren und hatte ihn tüchtig zerzaust und nun lag er seekrank im Dock. Nun hieß es, zwei Tage in Christiania warten oder quer durchs Land zu wandern; da blickten wir nach den Bergen Thelemarkens und die Wahl wurde uns leicht.

Unser Gepäck ward nach Drontheim dirigiert, wir aber wanderten nach dem Westbahnhofe. Da stand schon der kleine Zug, der uns ins Land führen sollte. Die kleinen Wagen sind recht bequem, die Bänke laufen in dem einen nach der Quere, in dem anderen nach der Länge durch, und wenn es bei uns Coupés für Nichtraucher gibt, so hat man hier eigene Rauchcoupés. Wir hatten einen Wagen mit einer kleinen, der Länge nach durchlaufenden Bank gewählt, und blickten nun gerade in die reizende Landschaft hinaus. Es ist eine ganz herrliche Fahrt; hart an den Ufern des Fjords geht es hin an lauschigen Buchten, an dunklen Waldeshängen mit schimmernden, blendend weißen Landsitzen, an saftig grünen Wiesen und wogenden Kornfeldern, alles immer umrahmt von den tausend Armen und Adern des Fjordes und in scharfen Contouren sich von der leuchtenden Meeresflut abhebend, die hier stets mit ihrer ungeheueren goldigen Fläche einen imposanten Hintergrund bildet.

VOM WALFANG ZUR WALSAFARI

Ernst Rolf Dahl ist ein bekannter Mann in Svolvær. Schon sein Vater hatte sich als Walfänger einen Namen gemacht. Ernst Rolf Dahl selbst erfand eine neue Harpune für den Kleinwalfang. Seit 1936 hat er *Småkvalfangst* betrieben. Kleinwalfang, auf diesen Ausdruck legt er Wert. Die Kleinwalfänger der Lofoten möchten sich, nicht zuletzt aufgrund des internationalen Drucks auf die Walfangnationen, von den schwimmenden Fabriken der Walfangmutterschiffe distanzieren. Seit die norwegische Regierung 1988 das Walfangverbot auf die Zwergwale ausdehnte, ist Ernst Rolf Dahl in Rente.

Rund 700 Menschen wurden auf den Lofoten durch den Beschluß der Regierung arbeitslos, aber sie wollen ihr Schicksal nicht widerstandslos hinnehmen. Die Formen der Auseinandersetzung über die Frage des Walfangs aber sind unterschiedlich. Ottar Schiøtz, Veranstalter von Exkursionen und Erlebnisurlauben auf der Insel Moskenes, verteilt Informationsschriften an die Urlauber. »Is a whaler a whaler?« fragt die Schrift rhetorisch und zeigt das Bild eines norwegischen (!) Fabrikschiffs aus Sandefjord nahe Oslo, dem früheren Zentrum des industriellen Walfangs, neben einem kleinen Fischkutter von den Lofoten, der nur mit einer Harpune ausgestattet ist.

1991 hatten die Vorsitzenden der Genossenschaft der Kleinwalfänger auf den Lofoten die Nase voll von der Regierungspolitik. Die Fangquoten für sogenannte wissenschaftliche Zwecke, 50 Zwergwale pro Jahr, waren gestrichen worden und eine Wiederaufnahme des Walfangs nicht abzusehen. Ihr Argument, es gäbe wieder

reichlich Zwergwale im nordöstlichen Atlantik, hatte sich nicht durchsetzen können. So riefen sie ihre Mitglieder für den Juli 1991 zum illegalen Walfang auf, der zur Jahreshauptversammlung des Verbands in Svolvær mit einem großen Fest gefeiert werden sollte. «Walfleisch satt bis zum Erbrechen», so lautete die drastische Formulierung der Einladung. Die nahm die Herausforderung gezwungenermaßen an. Ein massiver Einsatz der sozialdemokratischen Minderheitsregierung Brundtland war gefordert worden, um die Walfänger zur Ordnung zu rufen. An dem mit Spannung erwarteten Tag X half dann das Wetter mit. Es stürmte und regnete fünf Tage lang ununterbrochen, so daß kein Wal gefangen werden konnte. Keine toten Wale, dafür ein paar Schnapsleichen mehr in Svolvær – so lautete das Ergebnis des mißlungenen Regionalaufstands. Daß es auch anders geht, zeigt das Beispiel der Walsafari vor Andenes auf den Vesterålen (siehe Seite 56). Ragnvald Dahl ist der Sohn von Ernst Rolf Dahl, natürlich auch Walfangkapitän und seit 1988 mit Touristen auf Walsafari. Auf der «MS Kromhout» ist die Harpune noch montiert, und er macht keinen Hehl daraus, daß er gern wieder auf Walfang gehen würde. Doch seit der «World Wildlife Fund» («WWF») mit den Walfängern vor Andenes zusammenarbeitet, ist seine Lebensgrundlage auch ohne den Schuß aus der Harpune gesichert. Anfänglich war die Kooperation von Naturschützern und Walfängern von gegenseitigem Mißtrauen geprägt. Inzwischen hat man voneinander gelernt. Die Walforscher brauchen den Sachverstand der Walfänger, die Walfänger das positive Image der Forscher und beide zusammen die Urlauber, die den Jagdverzicht der Walfänger und auch die Forschung finanzieren.

Immer mehr Urlauber nehmen die sechs- bis achtstündige Fahrt mit dem Walfangschiff auf sich, um Orcas, Zwergwale und die kapitalen Pottwale mit eigenen Augen zu sehen. Eine Garantie, daß die Wale in Sicht kommen, gibt es nicht, schon eher eine auf Seekrankheit. Immerhin: Auf über 90 Prozent der Ausfahrten werden Wale gesichtet. Und wenn der Pottwal bläst, dann ist der Magen vergessen, dann summt die Videokamera, dann klickt der Auslöser. In der Zeit vom 15. Juni bis zum 30. August jeden Jahres kann man auf Walsafari gehen. *Ralf Schröder*

Die Jagd auf den Wal «Moby Dick», wie sie Herman Melville in seinem Roman von 1851 schildert, war stets mit dem Hauch des großen Abenteuers verbunden und kostete viele Seeleute das Leben. Noch zu Beginn dieses Jahrhunderts spielte der Walfang eine wichtige Rolle. Heute, da die Bedeutung des Fischereiwesens in Norwegen zurückgegangen und der Wal vom Aussterben bedroht ist, rückt die Faszination am Wal, dem größten Säugetier, mehr und mehr in den Vordergrund. Statt den Wal als Nutztier auszubeuten, werden heute auch Walsafaris veranstaltet, die der Beobachtung der außergewöhnlichen Tiere dienen.

Links oben: «Die Gefahren des Walfangs», Radierung um 1821. – Links unten: Walfischjäger im Eismeer (Foto von 1895). – Mitte oben: Kaiser Wilhelm II. beim Walfang auf den Lofoten während seiner Nordkapreise 1889. – Mitte unten: Eine Walfischstation um die Jahrhundertwende. – Rechts unten: Walfang in den vierziger Jahren.

Der idyllische Hafen von Hennigsvaer auf den Lofoten: Ein zentraler Umschlagplatz für Fisch.

Fischerschuppen bei Sund auf der Insel Flakstadøy. Rechts die typischen Trokkengestelle für den Stockfisch.

Bald beginnt die Bahn sich jedoch tiefer ins Land und an den Hängen hinanzuziehen. Der anmuthige Charakter der Gegend weicht einer felsigen Landschaft, immer tiefer senkt sich die Bahn zwischen den steilen Porphyrbergen hinein, und nur selten erfreut uns der Anblick eines Stationsgebäudes, welches mit seiner zierlichen Holzarchitektur eher an einen schmucken Landsitz als an ein profanes Stationshaus erinnert. Endlich durchbricht die Bahn in einem kurzen Tunnel den Felsenrücken und jetzt entrollt sich vor uns ein ganz wundervolles Panorama; es ist, wie wenn wir, wenn der Zug den Apennin durchbrochen hat, nun hinabblicken in das blühende Thal des Arno mit dem herrlichen Florenz und doch so unendlich schöner; in weitem Bogen senken sich, von hohen Bergen umrahmt nach allen Seiten die grünen Hänge zum Drammens-Fjord, der seine stets von zahllosen Booten und Schiffen belebte blaue Flut weit ins Land schiebt; an seinem Ende, in weitem Bogen die Ufer umsäumend, zieht sich das industriereiche Städtchen Drammen mit seinen blendend weißen Häusern hin, dessen Holzausfuhr sich jährlich allein auf über drei Millionen Gulden bewertet. Wie wir so, in weitem Bogen uns zum Fjord niedersenkend, dahinfahren, sind wir kaum 120 Meter über dem Meere und doch schon mitten in der Alpenregion. Hier weiden große Herden mit prächtigen Rindern an den Hängen, dann kommt die schwarze Masse der Fichten- und Tannenwälder, und zu unterst leuchten die Fruchtfelder und Wiesen heraus, auf welchen die Miliztruppen ihre Zeltlager aufgeschlagen hatten; das gibt einen wundervollen Rahmen für die Meeresflut, wie man ihn nicht schöner zu denken vermag.

In der Station Hougsund gab es «varm Frokost», das ist die beneidenswerteste Einrichtung der nordischen Bahnen. Treten wir in die Restauration zweiter Classe, so werden wir durch ein brillantes Buffet von reichlich dreißig bis vierzig Schüsseln überrascht; von der Büchse mit Sardinen bis zum geräucherten oder in Butter gebratenen Lachs, vom Spiegelei bis zum Roastbeef und ausgezeichneten, warmen Gemüse sind hier alle Delicatessen, welche die nordische Küche zu bieten vermag – und das heißt nicht wenig – reichlich vertreten. Nach dem Grundsatze: «Nimm Dir was, so hast Du was! heißt es nun, ganz ungeniert tüchtig zuzugreifen und mag sich Jeder sein Menu zusammenstellen, wie er will; und wenn wir nun Alles durchgekostet und unsere Flasche eisfrischen Bieres geleert haben, gibt es kein Schnüren und langes Rechnen, wir zahlen an der Credenz unsere Krone und treten mit innigem Behagen über diese lobenswerte Einrichtung unsere Weiterreise an.

Bald erreichen wir jedoch die Endstation Kongsberg, wo unsere Wanderung beginnt. Es ist ein freundliches Städtchen mit hübschen hölzernen Häusern, das gleichzeitig mit Christiania 1624 von Christian IV. gegründet wurde. Morgens ziehen seine Bewohner in die nahen Silbergruben, deren deutsche Namen, wie Gotteshilfe, Armengrube, Haus Sachsen (angeblich 600 Meter tief), noch an die deutschen Bergleute erinnern, welche einst zur Inbetriebsetzung dieser Bergwerke berufen wurden. Zwei Brücken über den reißenden, lachsreichen Laagen verbinden beide Stadttheile; schreiten wir hinüber, so öffnet sich ein prächtiger Blick auf den imposanten Wasserfall, den hier der Fluss bildet.

Wanderung quer durchs Land

Nun sind wir auf thelemarkischem Boden. Auf der herrlichen Straße wanderten wir nun dahin, hoch über dem Fluss, bis ein verwitterter Runenstein uns nach Westen wies; ein dunkler Fichtenwald nahm uns auf, und nun begann die Straße mit einer auch den ausdauerndsten Touristen endlich zur Verzweiflung bringenden Regelmäßigkeit sich zu heben und zu senken und bald gewannen wir die Überzeugung, dass wir hier die Entfernungen mit anderem Maße zu messen haben, als daheim. In den ersten drei Stunden war uns Niemand begegnet, als zwei stramme Engländerinnen, die mit tüchtig angepackten Tornistern am Rücken wacker dahermarschiert kamen. Damals dachte ich mir, es wäre doch ein kleines Wagnis für zwei junge Damen, und wären es auch Engländerinnen, so allein mitten durch Wald und Land zu wandern; heute bin ich überzeugt, dass Norwegen das einzige Land in Europa ist, welches eine Dame von einem Ende zum anderen durchwandern kann, ohne dass je ihre Tugend oder ihr Gold und Geschmeide einen Augenblick in Gefahr käme.

Aber das Gefühl der Waldeinsamkeit wird hier noch wesentlich erhöht durch den Mangel jeder freien Aussicht und durch die verkümmerte Natur. Die Straße bewegt sich fast immer auf der Höhe von 150 bis 300 Meter über dem Meeresspiegel, und schon hier bei so geringer Höhe krümmen sich oft schon die Waldbäume zu knorrigen Stämmen und das Gras wird zum kurzhalmigen Alpenboden; treffen wir endlich nach meilenweiten Abständen eine kleine Häusergruppe, so bezeichnet nie eine Tafel den Namen des Ortes – das wäre zu viel verlangt in Norwegen – dagegen sind die Grenzmarken des Grundbesitzes stets gewissenhaft bezeichnet. Oft stehen drei bis vier und mehr schwarz angestrichene, dünne, dreikantige Pfähle bei einander, die spitze Kante der Straße zugekehrt, und beiderseits stehen nun mit weißer Schrift die Namen der Besitzer: diese Seite gehört den Olsen, jene den Perssön, diese den Larsen, jene den Jensen ec. Kein Bauer führt einen eigenen Familiennamen, sondern erhält bei der Taufe nur einen Taufnamen, dem der Name seines Vaters (im Genitiv) mit angehängtem «sen» oder «sön» (Sohn) nachgesetzt wird, z. B. Johann Perssön bedeutet Johann der Sohn des Peter; diesem fügen sie aber immer noch den Namen ihres Hofes bei. Die Ansprache geschieht stets mit «Du».

Rast in einem Gasthaus

Endlich nach vierstündiger, ermüdender Wanderung erreichen wir die Häusergruppe Jerngruben, wo unser Bädeker ein Wirtshaus, eine wunderseltene Erscheinung in Norwegen, existieren lässt. Eine Futterkrippe wies uns den Weg, und so traten wir ein in die einsame Gaststube. Wir setzten uns zu Tische, aber die Frau, die in der Ecke strickte, machte keine Miene, uns um unser Begehren zu fragen, und von Neugierde war schon gar keine Spur an ihr zu entdecken. So mussten wir denn mit unserem norwegisch herausrükken, und nun bekamen wir bald unseren Kaffee mit Butter und Gebäck. Nun hielt ich Umschau in der Stube, die bei aller Einfachheit doch manches Interessante bot; so war der Boden eingelassen, das breite Bett an der Wand befestigt und mit einem großen, hölzernen, bemalten Himmel, von dem schön gestickte Vorhänge herabhiengen, überdeckt, die

Fortsetzung Seite 87

Glockenturm einer Scheune bei Hamar in der Hedmark.

Nächste Doppelseite: Zugewachsene alte Trasse der Europastraße 6 nördlich von Oslo.

Seite 82/83, oben: Wie endlose Zäune ziehen sich die mit frisch gemähtem Gras behängten Gatter durch die Wiesen der Hedmark. Unten links: Bauernhäuser im Museumsdorf Maihaugen bei Lillehammer. Unten rechts: Auffahrt einer Scheune bei Røros.

Auf den Wiesen der Hedmark wachsen die vielfältigsten Gräser und Blumen.

Vorhergehende Doppelseite: Wildromantischer Bach in den Wäldern bei Tvinnefoss.

eigenthümlichen Stühle waren aus einem Baumstamme gearbeitet und bunt mit Blumen und Sprüchen bemalt, die verhältnismäßig großen, immer unvergitterten Fenster zierten blendend weiße Gardinen und Myrtenstöckchen, und so machte das sonst ziemlich ärmliche Gemach immerhin noch einen ganz freundlichen Eindruck.

Durchs Hiterdal

Bald gieng es wieder in den Wald hinein, hoch hinan und hinab, und wieder hinauf, bis es endlich zwischen den Baumstämmen blitzte und funkelte; es war der Wasserspiegel des Hiterdalsees. Nun traten wir endlich, nach nahezu siebenstündiger, forcierter Wanderung durch finsteren Wald, freudig aufjubelnd ans scheidende Sonnenlicht und hier schweifte jetzt der Blick über den anmuthigen Vordergrund zu dem langgestreckten Seespiegel und in das Hiterdal hinein mit seinem gewaltigen Abschluss, den thelemarkischen Bergen, über welchen die Felspyramide des Himingen in scharfen Conturen mächtig aufragt.

An schönen Gehöften gieng es jetzt hinab zu den waldumsäumten Ufern des Sees, wo die farbenfrische norwegische Flagge uns schon von Weitem das Stationshaus verrieth. Es ist ein ganz stattliches Gehöft, das Hôtel Furuheim, wo man gar freundlich aufgenommen und ganz ausgezeichnet verpflegt wird. In der Dämmerung waren wir noch zu dem nahen Tin-Fos gewandert, einem tosenden Wasserfall, den hier der Tin-Elf bei seinem gewaltigen Sturze über zwei Felsenschroffen bildet. Es ist ein herrlicher Fall, mit dem, wenn er in den Schweizer Alpen wäre, viel Reclame gemacht werden würde; wir werden aber auf unserer Wanderung durch Norwegen so vielen und so riesigen Wasserfällen begegnen, dass es kaum der Mühe lohnt, uns länger hier aufzuhalten.

Als wir früh morgens halb sechs Uhr in den Speisesaal kamen, stand das Frühstück auch schon auf dem Tische. Was das Haus zu bieten vermochte, ward herbeigebracht; Kaffee mit gesalzener Butter, Eier, Schinken, einige Laibe Käse immer voran, Alles überaus reichlich, steht auf dem Tische, man nimmt ganz nach Belieben.

Es war ein fast schwüler Morgen, als wir jetzt ins Hiterdal wanderten. Auf einer ganz stattlichen, auf soliden Steinpfeilern ruhenden, eisernen Brücke überschritten wir den Tin-Elf und nun zogen wir hin hart an den Ufern des Sees, aus welchem langgestreckte Felsenriffe und Inseln aufzuragen schienen, als wir jedoch schärfer hinblickten, sahen wir, dass es nur Baumstämme waren, die in ungeheueren Mengen hier zusammengeschwemmt waren. Das productenarme Norwegen ist neben dem Fischhandel hauptsächlich auf die Holzausfuhr angewiesen, doch wird das Storthing bald der rücksichtlosen Ausbeutung der Wälder entgegentreten müssen, sonst geht das Land bei dem unendlich langsamen Wachsthum seiner Nadelhölzer der gänzlichen Verödung entgegen.

Es ist ein reizender Weg am Rande des hier eng zwischen den hohen Thalwänden eingebetteten Wasserspiegels, voll anmuthiger Landschaftsbilder. Nach ungefähr einer Stunde endet der See, an welchen sich nun eine kleine, mit Gersten- und Haferfeldern wohlbebaute Thalweitung schließt, welche mit einigen schmucken Gehöften geziert ist.

Es ist eine wahre Freude, so einen norwegischen Hof, dem die solide Wohlhabenheit bei allen Fenstern herausguckt, anzusehen. Das Wohnhaus ist immer stockhoch, nicht wegen Mangels an anderem Material, sondern vielmehr zum Schutz gegen die langandauernde Winterkälte aus Holz gebaut, von außen immer mit senkrecht über einander gelegten Brettern verschalt, die Fenster, hinter welchen ausnahmslos weiße Gardinen und blühende Blumen hervorschauen, immer groß und unvergittert, sind wie dieThüren mit schönen Rahmen umgeben, und es glänzt das ganze Haus in einem stets blendend hellen Ölfarbenanstriche, meist weiß mit einer Nuance ins Blaue, Gelbe oder Grüne, wobei die Fensterrahmen, Gesimse und Thüren meist durch eine andere Farbe markiert sind. Das Dach jedes größeren Gehöftes ist meist mit Ziegeln gedeckt, deren helles Roth von unverwüstlicher Dauer ist. Neben dem Hause strebt nicht selten ein Flaggenmast auf, auf dem zu Zeiten die norwegische Flagge aufgezogen wird.

An das Hauptgebäude schließt sich stets ein kleines, wohlgepflegtes Gärtchen mit blühenden Blumen und einer mit Schlinggewächsen überwucherten Laube an. Ein winziges, aber reizendes Häuschen steht häufig isoliert neben dem Wohnhause. Die Wirt-

Zwischenstation auf dem Paß oberhalb von Meråker im Fjellgebiet Sylene. – Bevor das Automobil auch im hohen Norden das vorherrschende Verkehrsmittel wurde, fuhr man beim Sonntagsausflug mit dem Einspänner ins Gebirge (Foto um 1900).

schaftsgebäude, gleichfalls immer aus Holz, von mächtigen Balken construiert, zeigen meistens einen rothen Anstrich und haben die Eigenthümlichkeit, dass das Gebäude nicht ganz auf dem Boden, sondern auf einem von mächtigen Balken construierten Rost aufgebaut ist, sowie dass das obere Stockwerk weit über das untere vorspringt. Will man in solch ein Wirtschaftsgebäude eintreten, so muss man nicht selten erst über einige vorgerollte Felsblöcke hinansteigen, bis man zur Thür gelangt.

Zehn Kilometer von Furuheim erreicht man, um eine Ecke biegend, die berühmte Hiterdalkirche, eine jener ganz aus Holz sehr kunstvoll construierten und mit phantastischen Ornamenten gezierten, sogenannten Stavekirchen, deren bauliche Construction bis in das zwölfte Jahrhundert zurückreicht. Es ist schwierig, die eigenthümlich in einander geschobene Construction dieser Kirche zu beschreiben. Den Kern dieser Kirche bildet ein aus horizontal aufgeschichteten Balken construierter, blockhausförmiger, viereckiger, hoher Bau, im obersten Theile mit großen Fenstern versehen, über dessen Dach, welches an allen vier Seiten mit Giebeln abschließt, sich ein viereckiger Thurm erhebt, der wieder mit vier Giebeln abschließt, über die sich nun abermals ein kleiner Thurm erhebt, dessen spitzes Dach mit einem großen Kreuze gekrönt ist. An den apsisförmig abgeschlossenen Hauptraum schließt sich nun wieder ein meist abermals viereckiger Bau, gleichfalls mit einem viergiebeligen Dache und runden Thurme, als Chorraum an; um diesen ganzen Gebäudecomplex zieht sich nun eine fensterlose, große Gallerie, welche sich nach innen, nach dem Hauptraume der Kirche öffnet.

An der von Fjorden zerklüfteten Küste

Nirgends zeigen sich die schneidigen Gegensätze, die zwischen der nordischen und der italienischen Landschaft in Allem und Jedem bestehen, schroffer und unvermittelbarer als bei der Gliederung der Küsten. Während in Italien die See nur in kleinen Buchten, in malerischen Golfen sich weich und anmuthig ans Land schmiegt, dessen flache, von den tropischen Formen des Cactus, der Cypresse und der Pinie umsäumte Ufer nur sanft

GLETSCHER, KLIMAZEUGEN DER ERDGESCHICHTE

Lange Zeit glaubte man, die Gletscher Norwegens seien Zeugen der letzten Eiszeit, die hier vor rund 8000 Jahren endete. Inzwischen weiß man aber, daß bis etwa 500 v. Chr. das Klima so warm war, daß es unwahrscheinlich ist, daß es damals noch Gletscher gab. In den folgenden 2500 Jahren wurde es jedoch wieder kühler, und die Gletscher bildeten sich neu aus. Nach offizieller Zählung gibt es in Norwegen 1627 Gletscher, die eine Gesamtfläche von 2609 Quadratkilometern bedecken. Die Gletscher ziehen sich entlang den Bergketten von Süden nach Norden und befinden sich häufig in unmittelbarer Nähe der Fjorde. Gletscher gibt es in Westnorwegen zwischen dem Hardangerfjord und dem Nordfjord, weiter nörd lich trifft man sie erst wieder ab Mo i Rana. Ostnorwegen, Mittelnorwegen und die Finnmark haben keine Gletscher.

Der größte Gletscher Norwegens ist der *Jostedalsbreen* mit 487 Quadratkilometern, der sich zwischen Sognefjord und Nordfjord erstreckt. Er ist so groß, daß man mindestens einen Tag braucht, um das Bergmassiv mit dem Auto zu umfahren. Dieses Areal ist der jüngste Nationalpark Norwegens. Die 24 Arme des Jostedalsbreen schieben sich in die engen Täler hinunter, wo ihr klares Wasser weiter in Richtung Fjord fließt.

Auf den *Svartisengletscher* in Nordnorwegen folgt flächenmäßig der *Folgefonn* oberhalb des Hardangerfjords als drittgrößter Gletscher Norwegens mit 168 Quadratkilometern im südlichen und 26 Quadratkilometern im nördlichen Teil.

Viele der Berggipfel Westnorwegens, besonders die des Jotunheimen-Gebirges, sind zwar immer schneebedeckt, aber sie sind keine Gletscher. Denn die Definition lautet: Ein Gletscher ist eine Masse aus Eis und Schnee, die sich im wesentlichen auf dem Land befindet und sich bewegt. Es muß immer wieder Schnee fallen, um den Gletscher zu erhalten. Neuschnee ist mit 0,1 Gramm pro Kubikzentimeter relativ leicht, doch steigt im Winter das Eigengewicht durch Druck auf 0,3 Gramm. Übersteht der Schnee als Firn den Sommer, nimmt die Dichte zu, und das Eigengewicht liegt dann bei 0,5 bis 0,6 Gramm. Wenn sich der Vorgang Jahr um Jahr wiederholt, und wenn ein Gewicht von 0,9 Gramm pro Kubikzentimeter erreicht wird, spricht man von einem Gletscher. Ist der Druck groß genug, verhält sich das Eis wie eine plastische Masse und fängt an, sich zu bewegen. Der Jostedalsbreen, ein flacher Plateaugletscher, bewegt sich zwischen einem und zehn Metern pro Jahr. In steilen Talpassagen kann die Geschwindigkeit jedoch deutlich höher liegen, so wurden am Jostedalsbreen Geschwindigkeiten bis zu zwei Meter pro Tag gemessen.

Um das Innenleben eines Gletschers anschaulich zu machen, wurde 1991 in Fjærland am Fjærlandfjord, einem Arm des Sognefjords, das norwegische Gletschermuseum eingerichtet. Attraktion der museumspädagogisch äußerst gelungen gestalteten Ausstellung ist eine Nachbildung der Landschaft unter einem Gletscher. Durch tropfende Höhlen geht der Besucher auf weichem Boden, spürt die eisige Kälte und kann sich vom blauschimmernden Eis verzaubern lassen. Das Eis schimmert deshalb blau, weil es vorwiegend die Blauanteile des Lichtes reflektiert. Je mehr Luft im Eis eingeschlossen ist, um so weißer wirkt es. Das Gletschermuseum übernimmt außerdem für die Universitäten in Oslo und Bergen sowie die International Glaciological Society und das Norwegische Polarinstitut Forschungsaufgaben. Denn die Gletscher sind das Klimagedächtnis der Erdgeschichte, sie geben den Wissenschaftlern Informationen, die ihnen helfen, Erklärungsansätze für die heutigen Klimaveränderungen zu finden. *Ralf Schröder*

Oben: Sognefjordgletscher (Foto von 1874).
Unten: Briksdalsbreen-Gletscherzunge.

Die für Norwegen typische Stavkirke (Stabkirche) darf im Freilichtmuseum Bygdøy nicht fehlen.

Vorhergehende Doppelseite: Die kleine Siedlung Odda auf der Ostseite des zum Hardangerfjord gehörenden Sørfjords östlich von Bergen (Foto um 1890).

Die Karl Johans Gate ist Oslos Prachtstraße. Ein Vergleich der Bilder von gestern – hier aus dem Jahr 1908 (siehe auch Seite 40 und Seite 44) zeigt ihr unverwechselbares und kaum verändertes Gesicht.

ansteigen zu waldlosen, sonnenverbrannten Hängen, wo jeder Quell versiegt, jedes frische Grün erstorben ist und nur die mattfärbige, graue Olive hinanklettert: zeigt die norwegische Küste das Bild furchtbarer Zerklüftung. In diese wild zerrissenen Felsenmassen, zwischen diese starren Riffe und Klippen, Wände und Schroffen greift das Meer in hundert und hundert Armen zwanzig bis dreißig Meilen weit in das felsige Land; das sind die Fjorde, denen kein anderes Land des Continentes etwas zur Seite stellen kann.

Es ist, wie wenn ein ungeheueres Felsengebirge mit all seinen Hängen und Thälern, Zinnen und Wänden in das Meer versunken wäre; nun wogt in den Thalgründen die Wasserflut, und nur zur Hälfte ragen die Felsenmauern mit ihren Kämmen und Gletschern daraus hervor. Daher die ungeheuere Tiefe der Fjorde; erreicht das Senkblei doch oft bei 1000 Meter noch lange nicht den Meeresgrund.

Bis zum Herzen der Felsenwüste, bis zum Urstock des Gebirges, in die letzten Hochthäler und Winkelgräben, bis zum eisumgürteten, nebelumschleierten Throne des Berggeistes rauscht die Meeresflut heran. Wie wir so ruhig hingleiten auf dem Wasserspiegel, hören wir den Pulsschlag dieser gigantischen Natur: schäumend und tosend stürzen die Wasserfälle über die Felsenmauern; Schneeflocken ballen sich in den Höhen zusammen, und die Trollen senden sie als Lawinen in die Tiefe; von den Schroffen löst sich ein Granitblock, springt in wilden Sätzen von Klippe zu Klippe in die Wasserflut und versinkt zum Meeresgrund.

An der Mündung der Fjorde in die offene See wimmelt es von felsigen Inseln, öden Eilanden, Landzungen und durch Gletschereis abgeschliffenen Riffen. Je weiter wir jedoch auf ihnen dahinziehen, desto großartiger gestaltet sich die Landschaft, schroffer und schroffer steigen die Hänge auf, mehr und mehr verschwinden alle Wahrzeichen menschlicher Cultur, hie und da eine Fischerhütte, ein paar Häuschen am schmalen Ufersaume, auch dieser schwindet bald, und nur die glatten Felsenmauern umklammern noch die schmale Meeresflut, aber am äußersten Ende seiner Arme blinkt oft ein weißes Kirchlein und ein paar Gehöfte, von Fruchtfeldern umsäumt, leuchten hervor. Das haben die Gletscherströme gemacht. Jahrtausende hat es gebraucht, bis sie mit ihrem Schutte der Felswand einen Ufersaum abgetrotzt haben. [...]

Im Hardangerfjord

Durch seine ungeheuere Länge, die Verzweigung seiner Arme, die erdrückende Großartigkeit seiner Thalwände und Abschlüsse, vor Allem aber durch die Fülle der in sein Gebiet fallenden, schönsten und größten Wasserfälle Norwegens wurde der Hardanger-Fjord zum gefeiertsten des Landes. Mit ihm wetteifert nur der Sogne-Fjord an düsterer Pracht und reicher Verzweigung und der Nord-Fjord durch wilde Zerklüftung.

Wir waren von der Landseite gekommen, wo mitten in die Felsenwüste uns das Meer in einem schmalen, wunderbar felsumklammerten Arme seine völkerverbindende Flut entgegenstreckt. Unser Blick sah das Leuchten des Wasserspiegels, aber er lag noch tief unter uns, und meilenlang hatten wir noch niederzusteigen, bis wir den Ufersaum erreichten. [...] Hart an seiner tiefgrünen Flut schreiten wir hin, und nur gegenüber dem Gletscherflusse, der in weitem Bogen in einem Sturze in den See fällt, halten wir einen Moment. Unbeschränkt schweift der Blick über das norwegische Fjeld, öde, formlose, vegetationslose Hochflächen, deren düstere Monotonie bis an die Grenzen des Horizontes nirgends durch einen aufstrebenden Felsenkegel unterbrochen wird. Tiefer steigend, begrüßt uns zuerst bei 800 Meter wieder die Birke, allmälig vom Krummholz zum zierlichen schlanken Wuchs übergehend, im großen Abstande folgt die Föhre und zu unterst die Tanne und Fichte. [...] Die Straße windet sich nun stundenlang durch ein Trümmerfeld von so großartigem Charakter, dass ich in den europäischen Alpen nichts damit vergleichen kann; die chaotisch durcheinander geworfenen Granitblöcke erreichen nicht selten den Umfang stockhoher Häuser und lassen ermessen, wie unendlich schwierig hier vor einigen Jahren der Straßenbau gewesen sein muss.

Und weiter führt der Weg nach Norden

Von Friedrich Mehwald (1858)

Bergen

Mitten in dem Inselchaos aber an der Westseite des Festlandes liegt Norwegens größte und wichtigste Handelsstadt – Bergen – in einer reizenden Gegend. Bergen wurde von der Hanse angelegt; es hat daher einen fast deutschen Charakter; beinahe durchgängig deutsche Sprache; deutsche Häuserbauart; deutsche Tracht; wird im Innern von Norwegen klein Hamburg genannt und gar nicht zu Norwegen gerechnet. Seine Lage hat es allerdings immer dergestalt vom Innern Norwegens getrennt, daß es schlechterdings unmöglich war, zu Lande dahin zu gelangen. Die 25 000 Einwohner Bergens gehören unbedenklich zu den schönsten Menschen auf der skandinavischen Halbinsel: eine glückliche Kreuzung zwischen Normannen und Deutschen hat einen Mittelschlag – aber hübscher als beide Grundelemente – hervorgebracht. Die Lage Bergens ist eigenthümlich und abweichend von allen anderen norwegischen Küstenstädten. In den sehr langen und geräumigen Hafen springt eine bedeutende Felsenzunge oder Halbinsel weit hinein und theilt das Hafenbecken in zwei gleiche Theile, welche wieder wie zwei Gabelspitzen die Zunge umschließen. Diese Felsenzunge ist auf allen Seiten mit amphitheatralisch aufsteigenden Häusergruppen besetzt und bildet die eigentliche Stadt Bergen. Auf der Höhe und dem Rücken dieser Nase sind Promenaden angelegt, welche zum Theil in die Felsen gesprengt wurden, zum Theil auf denselben fortlaufen und von Bäumen beschattet werden. Der vorspringendste Punkt der Felsennase endet in einer Festung – Bergenhus – welche zum Theil in Fels gehauen ist und von welcher man die reizendste Aussicht über alle Theile der Stadt, den ganzen Hafen und die Aus- und Eingänge desselben genießt: ein wahrhaft bezaubernder An- und Ueberblick! Dieser Festung gegenüber an der Ostseite des Hafens auf einer kleinen vorspringenden Felsenhalbinsel, welche einen kleinen Beihafen – Nyhavn – mit der sogenannten Fleischervorstadt um denselben, bildet, liegt die Festung

Fortsetzung Seite 103

Zum größten Teil unbewohnte Schären vor dem Hafen von Ballstad auf der Lofoten-Insel Vestvågøy.

Nächste Doppelseite: Eine Bucht des Reinefjords bildet den natürlichen Hafen des Lofoten-Fischerdorfes Reine auf der Insel Moskenesøya.

Seite 98/99: Hafenanlagen der Lofoten-Fischer in Henningsvaer auf der Insel Austvågøy (oben) und in Reine (unten).

KARE SORENSEN

N36MS

Lofoten-Fischer kehren vom Fang nach Mortsund am Vestfjord zurück.

Vorhergehende Doppelseite: Sogenannte «Rorbuer» am Hafen von Nusfjord, Unterkünfte der nicht von den Inseln stammenden Saison-Lofoten-Fischer.

Sverresborg mit alten Thürmen, welche mehrfache geschichtliche Bedeutungen haben (Walkendorf) und dahinter eine Bergpromenade, wie man sie nicht reizender finden kann. In diesem dicht mit hohen Laubbäumen aller Art bestandenen Bergparke sind mehrere Kaffeehäuser, ein Naturtheater und andere Anlagen zum Vergnügen. An diese überaus schöne Promenade schließt sich der beinahe eine halbe deutsche Meile lange Nordtheil «deutsche Brücke» an, welcher am Ende in der Calfaritpromenade an sanftgeneigten Bergen im Süden der Stadt endet. Die deutsche Brücke ist eigentlich nur eine Straße an den Bergen längs des Hafens und des dahinterliegenden Halbsüßwassersees, und hat in der ganzen Länge ins Wasser gebaute fortlaufende hölzerne Vollwerke und Magazine. Nur an einem Punkte, wo die Berge etwas sanfter abfallen, sind eine Anzahl Straßen von der Hauptstraße an den Bergen hinaufgebaut. Hier befindet sich auch die schöne deutsche Kirche mit zwei Thürmen und die sogenannte Domkirche.

Die Westseite der Bai von Bergen ist mit Villen und Prachtgärten der reichen Kaufleute besetzt und im Hintergrunde der Stadt werden die beiden Hafenspitzen durch trefflich chauffirte Wege mit Alleen der größten Laubbäume, worunter namentlich die Eschen, Ulmen und Linden eine Hauptrolle spielen, verbunden. Zwischen diesen verschiedenen romantischen Anlagen zieht sich ein ziemlich bedeutender Halbsüßwassersee hin. Dieser See steht während der Fluth mit dem Meere in Verbindung. Ueber den Meerarm, der diese Verbindung vermittelt, führt eine sehr lange kunstvoll gebaute massive Brücke. Am Südende derselben mahlt eine große Wassermühle und erhöht die Romantik der umliegenden Vergnügungsgärten und Lustpartien. An den schönsten Punkten der Landseiten des Hafens fallen dem Fremden besonders die Gottesäcker wegen ihrer schönen Lage, ihrer vielen Denkmäler und ihres Gräberputzes in die Augen. Jedes Grab hat eine Zierde, und wenn es nur eine hübsche Blume ist; im August aber erscheinen diese Kirchhöfe als orientalische Rosengärten, welche durch sehr hochstämmige, starke Blutbuchen, Birken, Ulmen, Ahorne, Pappeln, Eschen und andere hohe Laubbäume beschattet sind und wodurch die vielen schönen Rosen vor der tödtenden Einwirkung der Sonnengluth geschützt werden. Ueber allen diesen Plätzen und Häuserreihen am Fuße der das große Hafenbecken einschließenden Berge sind die Berglehnen bis über die Hälfte ihrer Höhe mit Getreidefeldern, Wiesen, Gemüse- und Blumengärten, Parkgebüsch und zerstreuten Villen bedeckt – welche Scenerie ein unbeschreiblich freundliches Bild giebt. Namentlich wird der Fremde gefesselt am Halbsüßwassersee, wenn er dort an den hohen Bergen an der Ostseite verschiedene Wasserfälle sieht, darunter einen, welcher auf der höchsten Spitze eines Berges – Ulriken – wie über eine Wallmauer herabstürzt, dann in verschiedenen Windungen als breites Silberband vom Berge herabrauscht, wobei er noch mehrere kleine Fälle in der Luft macht und dann in einem Park verschwindet, aus welchem er zuletzt aus grünen Hecken auf die Straße fällt. – Im Hafen Bergens, am Fuße all dieser Berge und schönen Umgebungen, ist das regste Leben und geschäftigste Treiben. In der Regel sieht man im Sommer hier immer mehrere hundert Schiffe aus allen Welttheilen – Dampf- und Segelschiffe – und daneben hunderte von kleinen Nordlandsfahrern mit Thran und Fischen bis an den halben Mast hinauf befrachtet und eigenthümlich getakelt, löschen und laden an Hunderten von Magazinen und Bollwerken zugleich und dazwischen unaufhörlich die Boote der Commis, Commissionärs, fremden Einkäufer und Reisenden aus dem Hardanger- und Sognefjord kreuzen und durchstechen.

Die Stadt Bergen selbst ist sehr unregelmäßig gebaut. Fast alle Straßen sind eng und krumm und gerade die Hauptgeschäftsstraßen so eng, daß sich an vielen Stellen nicht zwei Karren ausweichen können. Die schmalen Bürgersteige sind zwar, wie in allen norwegischen Städten, durchaus mit Trottoirs belegt, allein dieses giebt blos den Häusern ein hübsches Relief, nützt aber dem Wanderer nichts, da fast jedes Haus einen offenen Verkaufskeller hat, dessen Eingang im Trottoir liegt. Wollte man auf dem Trottoir gehen, so müßte man alle 10 bis 15 Schritt (denn die Häuser sind in der Hauptgeschäftslage sehr schmal) über einen Keller springen. Sonst sind die Straßen sehr reinlich, die Häuser nett, freundlich und mit zahllosen Blumengefäßen geputzt. Alle Gebäude, mit Ausnahme der Festungsbauten, Kirchen und Zollhäuser, sind von Holz, aber sehr gefällig getäfelt, sauber mit Oel gestrichen und werden allwöchentlich von außen gewaschen. Am Hauptmarkt, wo ein ganzer Stadttheil in Asche gelegt wurde, sind die neuen Holzhäuser außen mit kleinen hellfarbenen Backsteinchen (Ziegeln) von unten bis oben verblendet. Die Bedachung besteht, wie in den meisten norwegischen Städten, aus Hohlpfannen, theilweise auch aus Schiefer, welchen man in Trapezform bearbeitet, um für jede Platte nur einen Nagel nöthig zu haben, und dem Dache das gefällige Ansehen eines zierlich beschuppten Fischkörpers zu geben.

Die Bergenschen Häuser sind nicht, wie die anderer norwegischen Städte, lang und niedrig, sondern nach deutscher Bauart schmal und hoch. An jedem Hause liegt während des Sommers auf dem Trottoir eine zierlich gemalte, sauber gearbeitete Tonne mit Wasser, um bei Feuersgefahr sogleich Löschwasser zur Hand zu haben. Diese zweifelhaften Zierden für Häuser und Straßen – die Tonnen nämlich – machen auch da, wo keine Keller im Bürgersteige liegen, das Benutzen der Trottoirs völlig unmöglich. Ein anderer Uebelstand ist der Mangel an Straßenschildern und Hausnummern in Bergen. Die Gasthöfe sind in Bergen klein und im Sommer stets überfüllt. Skandinavie, Nord u. A. sind zur Zeit norwegisch; Hotel Pellot ist deutsch. Das Bergensche Museum ist sehenswerth. – An Schulen, Hospitälern und Wohlthätigkeitsanstalten ist Bergen reich.

Von Bergen nach Christiansand

Von Bergen geht jede Woche um die ganze norwegische Küste bis Christiansand ein großes, schönes und sehr nobel eingerichtetes Dampfschiff nach Hamburg. Außerdem führen auch sehr gute Straßen von Bergen nach Süden und Norden in das Land. Auf der Seetour fährt man zunächst in einem wo möglich noch verworreneren Inselwalde, als nordwärts von Bergen, bis nach Stavanger. Diese Stadt soll nach Drontheim die zweitälteste in Norwegen sein. Der Grundbau der großen Kirche spricht dafür. Die Umgebung von Stavanger ist auf der einen Seite sehr fruchtbar und gut angebaut, auf der anderen Seite sind die niederen Felsen kahl. Unterhalb Stavanger bei Jäderen hat das Meer eine ungeheure Kiesbank in einem Bogen um die Küste zusammengeführt und dadurch eine kleine Ebene – etwas Ungekanntes in Norwegen – gebildet. Weiter südlich passirt man Eckersund, Fleckefjord, Farsund und Mandal, ehe man nach Christiansand kommt. Fleckefjord hat zwar lauter enge und verworrene Gäßchen und keinen Platz, ist aber eine lebendige Stadt, hat sehr hübsche Umgebungen und fruchtreiche Felder – denn hier wächst der Weizen hoch und voll. In den nahen Waldungen stehen auch gesunde, starke Eichen. Zwischen Eckersund und Fleckefjord hat das Meer einen meilenlangen Streifen von Kies und Muscheln an die Küste gelegt.

Passirt man den Seeweg bis Christiansand bei Nacht, so gewähren die vielen Leuchtthürme an den Küsten hübsche Ansichten, weil sie nicht immer einzeln, sondern zu zweien und dreien beisammenstehen und theils mit wechselnden, theils mit wandelnden Feuern versehen sind. Macht man den Weg bei Tage, so sieht man die Hochgebirge nur am Saume des Horizontes; die Fahrt selbst aber geht fortwährend an und zwischen niedern, meist vom Wasser glatt abgespühlten, also kahlen Felsen hin. Christiansand ist unter den südlichen Küstenstädten Norwegens die bedeutendste, liegt an einem geräumigen, schönen Hafen, welcher durch Festungen geschützt ist, hat herrliche Environs, reizende Parkpromenaden, ist zwar wie alle norwegischen Städte, von Holz, aber sehr hübsch gebaut, hat lange breite Straßen und hübsche Plätze; die Werfte sind bedeutend. Im Hafen von Christiansand ist die an der ganzen Südküste Norwegens heimische Meernessel besonders häufig. An gewitterschwülen Tagen kommen verschiedene dieser Thiere ununterbrochen auf die Oberfläche des Meeres; erscheinen bald als schmutzig weiß aussehende schlüpfrige Körper; bald entfalten sie sich in der Form von größeren Porzellanköchern, nach Außen gezackt und gefranzt, im Innern in ein rothes Füllhorn übergehend. Dieses Ausdehnen und Zusammenziehen, Vergrößern und Verkleinern, Kommen und Verschwinden geht unablässig fort. Kommt man beim Baden mit einem solchen Thier in Berührung, so hat man eine Empfindung, als würde man von einer Nessel gebrannt.

Touristen in der Sassenbay auf Spitzbergen; im Hintergrund der Postgletscher. Schon vor dem Ersten Weltkrieg wurden Kreuzfahrten ins nördliche Eismeer, ans «Ende der Welt», unternommen. 1896 wurde bereits auf Hotelneset am Adventsfjord ein Hotel eröffnet.

Nächste Doppelseite: Mit Stock und Hut wagen sich einige Kreuzfahrtteilnehmer auf die Ausläufer des Svartigengletschers auf Spitzbergen. Seit dem internationalen Vertrag vom 14. August 1925 gehört «das Land mit den kalten Küsten» zu Norwegen.

Samen-Familie am Lyngenfjord östlich von Tromsø (Foto von 1929).

Links: Rauchende Frau in altnorwegischer Tracht (Foto von 1874).

Rechts: Zweige dienen diesen beiden Samenjungen als Skistöcke (Foto von 1895).

Nächste Doppelseite: Blick von einem der beiden Rathaustürme auf den Oslofjord. Rechts der Westbahnhof; in der Bildmitte die Gebäude der Aker Brygge, links der Hafen Pipervika.

SAMI DUODJI – DAS KUNSTHANDWERK DER SAMEN

Sie stehen in ihren Trachten an den Straßen und verkaufen Rentierfelle, die dann im mitteleuropäischen Schlafzimmer als Bettvorleger dienen werden, ein Elchgeweih, das sich hervorragend auf dem Gepäckträger des italienischen Motorradfahrers macht und die Fellschuhe, die sich so wohltuend von den Breitcord-Plastikhausschuhen unserer Breitengrade unterscheiden. Mit Kunsthandwerk haben diese Dinge auf den ersten Blick wenig zu tun. Die kunsthandwerklich interessanten Gegenstände findet man eher im hinteren Teil der Zelte. Sie werden meist erst auf Nachfragen gezeigt. Vor allem in den samischen Zentren Karasjok in Norwegen, Jokkmokk in Schweden oder Inari in Finnland läßt sich gutes Kunsthandwerk auftreiben.

In der Tradition der Samen gibt es keine Unterscheidung zwischen Kunst und Handwerk. Die Gebrauchsgegenstände wurden schon immer verziert. Die Funktion stand im Vordergrund, und das Prinzip «form follows function», das dem schwedischen Funktionalismus seit den dreißiger Jahren weltweit Geltung verschaffte, hatte das samische Handwerk schon lange vorweggenommen. Als Grundlage diente und dient das Material, das die Natur des hohen Nordens den Samen bietet: Holz, Wurzeln, Tierhäute, Horn und Knochen.

Sehr schön und wertvoll sind die Messer, die wie die Messerscheiden in mühsamer Kleinarbeit aus dem Gehörn der Rentiere gefertigt werden. Besonders die Gravur des Horns erfordert Geschicklichkeit und nahezu tägliches Training. Das 20 bis 30 Zentimeter lange Großmesser *stouranibi*, das die Nordsamen früher anstelle des Beils benutzten, ist heute kaum noch zu finden, doch die kleineren Ausführungen sind nicht nur als Souvenirs beliebt. Aus Birkenholz werden Trinkschalen geschnitzt, deren Griffe wie die der Messer mit einer reichen Ornamentik versehen werden. Für viele Samen ist die vergleichsweise einfache Herstellung dieser Schalen der Einstieg ins Kunsthandwerk, denn die kunsthandwerkliche Tradition ist in den Jahrzehnten der Zwangsintegration längst nicht überall erhalten. Mit der Gründung der «Samischen Volkshochschule» im schwedischen Jokkmokk wurde ein wichtiger Schritt zur Erhaltung der samischen Kultur getan.

Oben: Rovaniemi, Marktstände mit handgefertigten Gebrauchsgegenständen. Rechts und links: Verarbeitung von Rentierfellen.

Die dortigen Kurse in traditionellem Kunsthandwerk sind maßgeblich dafür verantwortlich, daß viele Samen in Schweden neue Einkunftsquellen gefunden haben, die ihnen gleichzeitig das traditionelle Arbeiten erlauben. In Norwegen hat Karasjok diese zentrale Funktion übernommen, während in Finnland die samische Kulturarbeit weniger entwickelt ist. Es lohnt sich aber, auch in den kleinen Ortschaften oder in den Zelten am Straßenrand nach *duodji*, nach Kunsthandwerk, zu fragen, und zu prüfen, was außer den üblichen Rentierfellen noch angeboten wird.

Ralf Schröder

AKER

SANYO

Reiseführer durch Norwegen

Lothar Schneider

Inhalt

Unterwegs in Norwegen: Tips und Vorschläge

Wie reisen? Die Anreise erfolgt mit dem *Schiff* (z. B. Fähre von Kiel nach Oslo) oder mit dem *Flugzeug* (von Frankfurt a. M. nach Oslo). Sehr preiswert ist der *Europabus* der Deutschen Touring Gesellschaft, der über Travemünde–Malmö–Göteborg nach Oslo fährt.

Wer mit dem eigenen *Wagen* reist, findet ein gut ausgebautes Straßennetz vor, Norwegen ist inzwischen durch Brücken und Fähren bis in den letzten Winkel erschlossen. Es gibt allerdings wenige Autobahnen, und die Höchstgeschwindigkeit beträgt dort durchwegs 90 Stundenkilometer.

Reizvoller und dem Kennenlernen von Land und Leuten förderlicher ist das Reisen mit öffentlichen Verkehrsmitteln. Die *Norwegische Staatsbahn* (NSB) bietet ein Schienennetz von 4000 Kilometern, mit 775 Tunnels und 3000 Brücken. Der nördlichste Bahnhof heißt Bodø, und da hat man schon beinahe die Lofoten erreicht. Während der Woche gibt es verbilligte Fahrkarten (Midt-uke-billett). Unbedingt Platzkarte besorgen!

Ergänzend zur Bahn sind die *Überlandbusse* zu erwähnen. Dazu kommt ab Bergen die Möglichkeit, ein Stück mit einem Schiff der *Hurtigrute* mitzufahren. Schnell und bequem erreicht man viele Orte mit den Inlandflügen der SAS.

Wo übernachten? Wer nicht mit dem Wohnmobil unterwegs ist, übernachtet preisgünstig in einer der 90 Jugendherbergen (NUH – Norske Ungdomsherberger), die für jeden zugänglich sind und die hier eher einfachen Hotels gleichen. Oftmals stehen in den Jugendherbergen kleine Selbstversorgerküchen zur Verfügung. In der Hauptsaison empfiehlt sich allerdings eine telefonische Voranmeldung.

Ausgezeichnet eingerichtet sind die *Campingplätze* (über 800), mit Dusche, Kochgelegenheiten und häufig einer Sauna. Daneben besteht die Möglichkeit, sich eine *Hytte* zu mieten, kleine Häuschen mit Kochgelegenheit, auf die am Straßenrand hingewiesen wird und die auch auf vielen Campingplätzen angeboten werden.

Wohin fahren? Tourenvorschläge für «Norwegen in der Nußschale», um einen kleinen Teil des Landes wirklich kennenzulernen:

Erster Vorschlag: Oslo, die Fjordstadt am Wald, mit dem Volkskunde-, dem Wikinger- und dem Munch-Museum und einem Ausflug nach Lillehammer (siehe Seite 114).

Zweiter Vorschlag: Vom Meer ins Gebirge, eine Fahrt durch die Telemark, beginnend in Larvik (Fährhafen von Frederikshavn/Dänemark) über Skien bis zur Hardangervidda. Weiterfahrt zur Hafenstadt Bergen, mit den Hansekontoren des 14. Jahrhunderts, dem Fischmarkt, der Villa Grieg; Wanderung auf den sieben Bergen um die Stadt, Ausflug zum Sognefjord (siehe Seite 120).

Dritter Vorschlag: Mit der Raumabahn nach Åndalsnes, Ausflüge nach Molde, Ålesund und zum Geirangerfjord; weiter zur Bischofsstadt Trondheim mit der Kathedrale, Rückfahrt über Røros und die Rørosvidda (siehe Seite 142).

Vierter Vorschlag: Von Bodø aus mit der Hurtigrute auf die Lofoten (siehe Seite 146).

Fünfter Vorschlag: Von Tromsø nach Lappland (Kautokeino und Karasjok), Ausflug zum Nordkap (siehe Seite 148).

Sprache: Die Norweger sind oft wortkarg und mit ein paar Redewendungen in Landessprache kann man viel erreichen. Sie verstehen aber Englisch und ein bißchen Deutsch.

Grüßen: Hei! (Hallo), Ha det (Tschüß). *Danken*: takk, mange takk, tusen takk (ja takk = ja bitte). *Nach dem Essen*: takk for maten. *Dank für eine Hilfe*: takk for hjelpen.

Währung: Bezahlt wird mit der norwegischen Krone (NOK), bestehend aus 100 Øre.

Essen und Trinken: Siehe Seite 122.

Reise vom

Schärengarten

zum Nordkap

Ziffern im Kreis verweisen auf die Karte S. 155.

Vom *Oslofjord* ① im Osten bis zum *Boknafjord* bei Stavanger ② im Westen erstreckt sich die «Riviera» der Norweger, der südlichste und landschaftlich vergleichsweise «zahmste» Teil ihres Landes. Wer mit der Fähre von Kiel oder von Dänemark aus über den Skagerrak kommt, wird vielleicht verwundert sein, wie einladend sich das Land der Gletscher und Fjorde präsentiert. Die Landschaft ist geprägt von einem weitgefächerten Schärengarten, einer Vielzahl von Inseln, zum Teil bewohnten Eilanden und kleinen Felsbuckeln, die kaum aus dem Wasser ragen. Auf einer dieser Inseln südwestlich von *Kristiansand* ③ befindet sich das «Südkap», der Leuchtturm *Lindesnes* ④. Die Entfernung von hier bis zum *Nordkap* ⑤ beträgt Luftlinie 1752 Kilometer, auf der Straße werden daraus über 2500 Kilometer!

Mit der wilden und rauhen Einsamkeit dort oben hat die Südküste allerdings wenig gemeinsam. Dicht an dicht drängen sich nur im Süden zahlreiche Ortschaften, die verbunden sind durch die Küstenstraße E 18, die Ferienstraße der Norweger. Fährt man sie entlang, so sieht man an den landschaftlich schönsten Stellen die weißen oder rostroten Sommerhäuschen auftauchen. Davor flattert an einem hohen Masten die Nationalflagge, das weiß abgesetzte blaue Kreuz auf rotem Grund, als weithin sichtbares Zeichen, daß die Sommerresidenz der Städter bewohnt ist. Zum Bild gehört auch das am Steg vertäute Boot, mit dem man zum Angeln oder – in den hellen Sommernächten – zur Krabbenjagd hinausfährt. Von einer «Riviera» erwartet man natürlich besondere Bademöglichkeiten. Der längste Sandstrand ist 900 Meter lang und zählt zu den besonderen Attraktionen des Städtchens *Mandal* ⑥ (7500 Einwohner). Badestrände finden sich an der gesamten Südküste, gesäumt von Campingplätzen, Jugendherbergen, zu mietenden Sommerhäuschen und Bootsverleihen.

Kristiansand ③. Die größte Stadt an der Südküste ist Kristiansand mit über 60 000 Einwohnern. Sie wurde nach ihrem Gründer Christian IV. benannt, der den Ort 1641 mit streng quadratisch verlaufenden Straßen geplant hatte; diese Straßenanlage hat sich im Stadtkern bis heute erhalten. Auch ein Teil der Holzgebäude wurde nach einigen Feuersbrünsten wieder aufgebaut. Für die Hafenstadt spielte und spielt der Export von Fisch und Holz eine wichtige Rolle.

Grimstad ⑦. In dem von einem herrlichen Schärengarten umgebenen Städtchen (14 500 Einwohner) mit seinen winkligen Gassen und dem Flair aus der Zeit der großen Segelschiffe absolvierte Henrik Ibsen von 1844 bis 1850 eine Apothekerlehre; die Einrichtung der Apotheke und sein damaliges Zimmer sind im Stadtmuseum zu besichtigen. Sechs Kilometer von Grimstad entfernt befindet sich Nørholm, ein Bauerngut, das Knut Hamsun 1920 mit dem Geld seines Nobelpreises erwarb. Nørholm ist heute ein Museum.

Stavanger ②. Das Tor nach Westnorwegen. Am Ende der Südküste, am Anfang der langen, von Fjorden bestimmten Westküste liegt (93 000 Einwohner) die viertgrößte Stadt Norwegens, die in jüngster Zeit durch Ölbohrungen vor der Küste an wirtschaftlicher Bedeutung gewonnen hat. Schon im Mittelalter war Stavanger für die Fischerei und den Seehandel ein wichtiger Ort und später ein Zentrum der Konservenindustrie. Der Dom aus dem 12. Jahrhundert zählt neben dem Dom in Trondheim zu Norwegens schönsten mittelalterlichen Kirchenbauten. Einige Autofähren verkehren Richtung Bergen, und es bieten sich unter anderem schöne Ausflüge in den landschaftlich eindrucksvollen Lysefjord oder in den Schärengarten an.

Die Hauptstadt am Oslofjord

Oslo ①. Norwegens Metropole ist mit 470 000 Einwohnern die größte Stadt des Landes. Der Sage nach wurde Oslo bereits im Jahre 1050 gegründet. Residenzstadt wurde Oslo aber erst 1255 durch Håkon V., der die Festung Akershus erbauen ließ. Nach einem verheerenden Brand 1624 verfügte König Christian IV. für den Wiederaufbau, daß sämtliche Häuser innerhalb der Stadtgrenze aus Stein gebaut werden sollten und nicht wie üblich aus Holz. Nach ihm wurde Oslo bis 1877 Christiania genannt, danach für kurze Zeit Kristiania. Erst 1925 bekam Oslo wieder seinen ursprünglichen Namen zurück. Die Stadtgeschichte ist im Oslo Bymuseum im Frognerparken anschaulich dargestellt.

Seit einigen Jahren bemüht man sich, Oslo das Gepräge einer europäischen Metropole zu geben; das Motto dafür lautet: «Die Stadt und der Fjord – Oslo im Jahre 2000.» Unter anderem will man den Innenstadtverkehr durch zahlreiche Tunnel unter die Erde verlegen und die Stadt verkehrsberuhigen. Beim neuen Hauptbahnhof (Sentralstasjonen) entsteht ein hypermodernes gläsernes Zentrum.

Karl Johans Gate. Aber nach wie vor ist die «gute Stube» der Stadt die Karl Johan, die Straße vom Parlament (Storting) bis zum königlichen Schloß. Edvard Munch hat sie gemalt und Henrik Ibsen dort seine täglichen Spaziergänge gemacht. Benannt worden ist die Straße nach Karl XIV. Johan, der als schwedischer König von 1818 bis 1844 über Norwegen herrschte. Der einstige Marschall und Duodezfürst von Napoleons Gnaden, Jean Baptiste Bernadotte, der 1810 schwedischer König wurde, ließ das Schloß erbauen.

Wenn vom «Löwenhügel», auf dem das Parlament thront, der Blick über Platanen und Springbrunnen, über das Nationaltheater von 1899 bis zur alten Universität mit ihrem Säulenportal aus dem Jahre 1811 schweift, wenn man schließlich hinter dem Theater und der Universität den «Schloßhügel» erblickt, auf dem die schlichte Residenz des norwegischen Königs ihren Platz hat, kann man sich durchaus zurückversetzt fühlen in frühere Zeiten.

Alljährlich am 17. Mai ist die Karl Johan Schauplatz für die Feiern zum Nationalfeiertag. Dann ziehen die Schulkinder Fähnchen schwenkend hinauf zum Schloß, um den König zu grüßen. Am 17. Mai 1814 bekam Norwegen, das seit 1380 zu Dänemark gehört hatte, eine eigene Verfassung, erhielt aber erst 1905, nach einer Union mit den Schweden, die Norwegen im Frieden von Kiel 1814 von den Dänen zugesprochen bekamen, endgültig seine nationale Selbständigkeit.

Rathaus. In der Nähe der Karl Johan Gate befindet sich das Rathaus (Rådhuset). Vom südlichen Ausgang des Schloßparks führt die breite Roald Amundsensgate hinunter zu dem klotzigen roten Backsteinbau am Hafen Pipervika. Mit seinen zwei wuchtigen Vierecktürmen ist dieses Gebäude, das 1950 fertiggestellt wurde, ein vom Meer aus weithin sichtbares Wahrzeichen der Stadt am Ende des Oslofjordes. Direkt am Westbahnhof in Oslo befindet sich die Touristeninformation, Anlaufstelle aller Ortsunkundigen; hier erhält man einen Stadtplan.

Mit dem Erwerb der «Oslo-Karte» ist eine Stadtbesichtigung quasi zum Nulltarif möglich. Jenseits der lauten E 18, deren Verkehrsstrom demnächst unterirdisch laufen soll, liegt der Hafen Pipervika. Nur kleine Fähren und einige Fischerboote, die frisch gefangene Garnelen verkaufen, legen hier an. Vom Kai 3 fährt in den Sommermonaten ein kleines Schiff hinüber zur Museumsinsel Bygdøy. *Bygdøy.* Diese Insel ist das, was man als «Norwegen in einer Nußschale» bezeichnen könnte. Im Volksmuseum, einem Freilichtmuseum, hat man neben Bauernhäusern aus allen Landesteilen eine Stabkirche aus dem 11. Jahrhundert wieder aufgebaut; gegenüber sind im Museum drei aus dem Oslofjord geborgene Wikingerschiffe ausgestellt: ein Schiffahrtsmuseum dokumentiert die Geschichte der norwegischen Seefahrt anhand von Modellen. Dem Forscherdrang der Norweger sind die beiden übrigen Museen gewidmet. Im «Framhuset» wird das Polarschiff Fram gezeigt, mit dem Fridtjof Nansen unterwegs war; im «Kon-Tiki Museum» ist das Floß von Thor Heyerdahl zu besichtigen, ein nach dem Vorbild der peruanischen Inkas gebautes Balsafloß, mit dem er 1947 von Südamerika aus nach Polynesien gelangte (siehe Seite 118). – Auf Bygdøy weiden die königlichen Pferde, und es gibt einige Badeplätze

Akershus. Einen Eindruck vom mittelalterlichen Oslo erhält man beim Besuch der Festung und des Schlosses Akershus, das Håkon V. erbauen ließ. Die Festung liegt einige Gehminuten vom Rathaus entfernt.

Fortsetzung Seite 120

Das Storting, das norwegische Parlament, tagt in diesem repräsentativen Gebäude an der Karl Johans Gate.

Norwegens nationale Schaubühne an der Stortinggata 15 widmet sich vor allem den berühmten Dichtern des Landes wie Bjørnstjerne Bjørnson, Ludvig Holberg und Henrik Ibsen.

Oslos modernes Stadtbild: Teilansicht des Einkaufs- und Kulturzentrums Aker Brygge, das auf einem ehemaligen Werftgelände errichtet wurde.

Blick in die Einkaufspassage auf Aker Brygge.

Eine Glas-Stahl-Konstruktion bildet den Eingangsbereich für das moderne Kultur- und Einkaufszentrum Aker Brygge.

AUF DEN SPUREN DER WIKINGER –

Die Museen der Halbinsel Bygdøy bei Oslo

Alle Skandinavier berufen sich auf die Wikinger, sie möchten gerne deren legitime Nachfolger sein. Der freundliche dänische Pfeifenraucher von heute führt seine Abstammung ebenso auf einen gefürchteten Schlagetot zurück wie der schwedische Bankier – diese Art illustrer Familiengeschichte würde ihnen gut gefallen. Die Norweger dagegen machen am allerwenigsten Aufhebens von »ihren« Wikingervorfahren.
Wikinger zu sein, wird oft gleichgesetzt mit dreistem Seeräuber, mutigem Entdecker oder blutigem Eroberer – doch trieben die Wikinger wie alle seefahrenden Völker ihrer Zeit auch ganz normal Handel. So gesehen haben Dänen und Schweden sogar recht. Doch die große Tradition der Seefahrer ist ein Teil der norwegischen Geschichte, die ein Mythos umgibt, den man unaufdringlich, doch stetig hegt und pflegt.
Der Entschluß, dem Osebergschiff, einem der reichsten Grabfunde aus der Wikingerzeit in Norwegen, ein Museum zu bauen, fiel in eine Zeit des nationalen Aufbruchs, als man sich aus Mangel an einer bedeutenden Geschichte nur zu gern an die Wikinger erinnerte. 1904, ein Jahr vor der Auflösung der ungeliebten Union mit Schweden, wurde das um 800 n. Chr. gebaute Schiff gefunden. 1914 schrieb man einen Architektenwettbewerb aus, und 1926 konnte endlich das Wikingerschiffmuseum auf der Halbinsel Bygdøy eröffnet werden. Für das Gokstadschiff und das Tuneschiff, ebenfalls Grabbeigaben, die nie Wasser unter dem Kiel hatten, folgten weitere Flügel bereits 1932.
Schlicht, geradezu asketisch wirkt der Bau auf kreuzförmigem Grundriß, und die weißgetünchten Wände erinnern an ein Kloster. Wie Kirchenkanzeln ragen die kleinen Aussichtsplattformen über dem Raum auf, ideal für predigende Stadtführer. Doch die ziehen es vor, sich mit einem farbigen Schirm bewaffnet nur mittels eines Hockers über die lauschende Touristengemeinde zu erheben. Das Wikingerschiffmuseum ist nämlich von einer nationalen zu einer internationalen Attraktion aufgestiegen.
Eine ähnlich große Besucherzahl verzeichnen die Hinterlassenschaften – man ist schon fast geneigt, Reliquien zu sagen – der großen Seefahrer und Entdecker der Neuzeit wie Roald Amundsen, Fridtjof Nansen und Thor Heyerdahl. Kein hölzernes Schiff gelangte je weiter nördlich oder südlich als die Fram, mit der Nansen von 1893 bis 1896 durch das Polarmeer trieb, in der Hoffnung, bis zum Nordpol zu gelangen. Auch die Antarktis-Reise zu Amundsens erfolgreichem Wettlauf gegen Scott zum Südpol wurde 1910 mit der Fram bewältigt. Daß Otto Sverdrup sie von 1898 bis 1902 nutzte, um die Regionen nordwestlich von Grönland zu ent-

Links: 1904 wurde in Oseberg in der Provinz Vestfold ein Wikingerschiff entdeckt, in dem die Fürstengemahlin Åsa um 800 n. Chr. bestattet worden war. Mitte oben und unten: Wahrscheinlich benutzte man das gut 21 Meter lange Osebergschiff, das den für die Wikingerschiffe typischen schmalen, nach unten ragenden Kiel besitzt, nur für den Grabkult. Rechte Seite: Im Museumsneubau befinden sich die Kon-Tiki (oben) und die Ra II (unten), mit denen Thor Heyerdahl die Ozeane überquerte (siehe Seite 29).

decken, ist darüber fast in Vergessenheit geraten. 200 000 Quadratkilometer Land wurden auf Sverdrups Reise erstmalig kartiert. Die Fram fand 1936 ihren letzten Liegeplatz ebenfalls auf Bygdøy, nur eine Viertelstunde Fußweg von den Wikingerschiffen entfernt, direkt am Oslofjord.
Genau gegenüber liegen das Papyrusboot Ra II und das Balsa-Floßboot Kon-Tiki, ein Floß aus Binsenbündeln bei den Indianern Südamerikas. 1947 segelte Thor Heyerdahl mit der Kon-Tiki (rechts oben) in 101 Tagen von Callao in Peru nach Roroia in Polynesien im Pazifik. Bereits 1949 befand sich das Floß in dem zunächst provisorischen Museum auf Bygdøy. Mit der Ra (rechts unten) unternahm Heyerdahl zwei Anläufe, bevor seine Expedition von Safi an der marokkanischen Atlantikküste nach Barbados glückte.

Um den Geschichtsüberblick zu vervollständigen, darf das Seefahrtsmuseum nicht fehlen. Lange befand es sich im Freilichtmuseum auf Bygdøy, bis es 1974 endgültig in den Neubau an der Spitze der Halbinsel neben Fram, Kon-Tiki und Ra II ziehen durfte. Fundiert dokumentiert das Museum die weniger spektakulären Kapitel der Seefahrtsgeschichte. Tritt man nach dem Kennenlernen der norwegischen Seefahrer- und Entdeckertradition aus einem der Museen und blickt auf den Oslofjord und das Meer, dann gibt es keinen Zweifel daran, wer die wahren Erben der seefahrenden Wikinger sind; dann versteht man auch, warum die Norweger selbstbewußt Dänen und Schweden gewähren lassen, wenn sie einen Teil der Wikinger-Tradition für sich beanspruchen. *Ralf Schröder*

Akershus war während der Besetzung Norwegens durch deutsche Truppen in den Jahren 1940 bis 1945 Gefängnis und Hinrichtungsstätte.

Vigeland und *Munch*. Beim Rundgang durch Oslo begegnet man immer wieder den nackten Bronzefiguren von Gustav Vigeland (1863–1943). Die Stadtväter waren von der Kunst dieses Mannes derart überzeugt, daß sie ihm einen großen Teil einer Parkanlage, den Frognerparken, für seine Skulpturen zur Verfügung stellten. Und Vigeland hat die Chance genutzt. Er gestaltete die Anlage unter dem allgemeinen Thema «Leben» mit einer großen Ansammlung überdimensionaler Figurengruppen, mit einem Brunnen, einem Monolith und einem Lebensrad. Vielleicht ist diese «pralle» Kunst nicht jedermanns Sache, aber ein Spaziergang durch den Frognerparken lohnt sich. Wesentlich bescheidener nimmt sich das Museum aus, das die Stadt für die Bilder von Edvard Munch (1863–1944) gebaut hat. Das puritanische Osloer Bürgertum des ausgehenden 19. Jahrhunderts konnte sich gar nicht für seine Werke begeistern, und für den weltweit berühmtesten norwegischen Maler hat es lange gedauert, bis er auch in seiner Heimat anerkannt wurde. Heute läßt sich kein Osloer eine der ständig wechselnden Ausstellungen entgehen. Ein paar Bilder Munchs hängen auch in der Nasjonalgalleri im Zentrum (hinter der alten Universität), in der ein Überblick über norwegische Malerei geboten wird.

Das Fram-Haus auf der Museumsinsel Bygdøy.

Holmenkollenschanze. Die hoch über der Stadt 1892 erbaute und 1981 umgebaute weiße Betonkonstruktion ist ein Wahrzeichen der Stadt. Vom Nationaltheater aus fährt die Holmenkollenbahn hinauf in die Nordmarka, in das große Freizeitzentrum mit endlosen Wanderwegen und zahlreichen Seen im Norden der Stadt. Die eigentliche Saison findet hier oben natürlich im Winter statt, wenn die Osloer mit Kind und Kegel und den Langlaufskiern auf den Loipen von Hütte zu Hütte spuren oder dem alljährlichen internationalen Holmenkollen-Skispringen zuschauen.

Im Sommer kann man die wunderbare Aussicht über die Stadt und den Oslofjord auch oben von der Schanze aus genießen. Einkehren sollte man im «Frognersetern», einem aus gewaltigen schwarzen Balken erbauten Ausflugsrestaurant mit Drachenköpfen auf dem Dach (siehe Seite 42).

Die Westküste – Heimat der Wikinger

Im 8. Jahrhundert waren einige Wikingerhäuptlinge der Westküste überdrüssig, immer nur an den Fjorden und Buchten entlang zu schippern. Und als es gelang, die seetüchtigen Langschiffe zu bauen, lockte so manchen Normannen die Weite des offenen Meeres. Es fiel nicht allzu schwer, der kahlen, kargen und wenig fruchtbaren Felsenküste den Rücken zu kehren, politische Verhältnisse spielten dabei auch eine gewisse Rolle, denn der blutige Streit um Herrschaftsansprüche brachte viel Unruhe mit sich, und auf seine angestammte Freiheit verzichtete niemand gern. Gegen eventuelle böse Geister auf der Fahrt ins Unbekannte sollte der Drachenkopf am Bug schützen.

Die furchtlosen Seefahrer und Eroberer plünderten Klöster in England, ließen sich in der Normandie nieder, entdeckten Island, Grönland und schließlich um das Jahr 1000 sogar Amerika. Die zufällige Laune der Winde und der Strömungen bestimmte ihren Kurs und ihr Ziel.

Fjorde. Warum es so manchem Normannen in seinem düsteren, kahlen Fjord zu eng wurde, davon bekommt man vielleicht eine Vorstellung bei einem Ausflug in den *Sognefjord* ⑧, der sich über 200 Kilometer ins Land «hineinfrißt». Die Fjordwände ragen zum Teil bis zu 1500 Meter in die Höhe, bis zur Schneegrenze und den Gletschern, und manchmal dringt kein Sonnenstrahl mehr bis zum Wasser hinunter. An den Stellen, an denen die Sonne scheint und die Felsen nicht kahl sind, erweist sich die Fjordlandschaft dafür als um so anmutiger. Ein Beispiel dafür ist der *Hardangerfjord* ⑨, an dessen steilen Ufern stellenweise Obstgärten angelegt sind, die im Frühjahr in herrlicher Blüte stehen. Am Hardangerfjord war es auch, wo Norwegens großer Komponist Edvard Grieg (1843–1907) einige Sommer lang in der «Komposten», der Komponistenhütte, saß und versuchte, sich durch diese Umgebung inspirieren zu lassen (siehe Seite 30). – Noch ein dritter Fjord hat es geschafft, sich einen Namen zu machen, aber nicht wegen seiner Länge, sondern wegen seiner schönen Lage. Gemeint ist der in eine gewaltige norwegische Gebirgslandschaft eingebettete *Geirangerfjord* ⑩. Von den nördlichen Ausläufern des Jostedalsbreen, Norwegens größtem Gletscher, aus hat man von über 1000 Metern Höhe einen wunderbaren Blick auf die Fjordlandschaft. Von dem gleichnamigen Touristenort Geiranger aus legen Schiffe zu eindrucksvollen Fjordfahrten ab. Ein Höhepunkt der Schiffsreise sind die drei (angeblich) schönsten Wasserfälle des Landes: Im Volksmund heißen sie «Brudesløret» (der Brautschleier), «De syv Søstre» (die sieben Schwestern) und «Friaren» (die Freier). Von Geiranger aus windet sich die für ihre steilen Kurven berüchtigte «Trollstraße» hinauf in Richtung Åndalsnes.

Bergen ⑪. Die ehemalige Hansestadt Bergen, mit etwa 200 000 Einwohnern Norwegens zweitgrößte Stadt, liegt mitten im Fjordland derWestküste. Sie ist verbunden mit sieben Fjorden und von sieben Bergen umgeben, die wahrscheinlich die Ursache dafür sind, daß es hier außergewöhnlich häufig und viel regnet. – Bergen wurde im Jahre 1070 gegründet und

Leuchtturm von Kvassheim südlich von Stavanger.

war von Anfang an ein Tauschplatz für Fisch aus Nordnorwegen gegen Getreide aus dem Süden. Bald wurden die Lübecker Hanse-Kaufleute auf diesen Ort aufmerksam und um 1350 richteten sie die erste Handelsniederlassung ein. Die Lübecker beherrschten daraufhin über zweihundert Jahre den gesamten Handel der Stadt. Bei einem Stadtrundgang stößt man immer wieder auf Spuren aus dieser Zeit. Auf der einen Seite des alten Hafens Vagen drängen sich eng nebeneinander die spitzgiebligen ehemaligen Hansekontore mit ihrem Geruch nach Teer und Holz. Eines davon ist als Museum hergerichtet und vermittelt einen guten Eindruck vom Kaufmannsleben im Spätmittelalter. Davon berichten ebenfalls deutsche Inschriften in der Marienkirche. Auch die dunklen Deckenbalken der Versammlungsräume der Hanse-Kaufleute, der Schotstuene, sind mit deutschen Spruchweisheiten verziert.

Trotz dieses zeitweise starken Einflusses von außen ist Bergen stets eine im Kern norwegische Stadt geblieben. So wie in Oslo kann man auch hier «Norwegen in einer Nußschale» erleben: zum Beispiel der Fischmarkt im Herzen der Stadt, am alten Hafen. Aufgereiht in Kisten liegt der frische Fang der Fischer: die glatten Leiber des Kabeljaus, zartrosafarbene Garnelen zum Sofortessen, zappelnde Krabben und Hummer. Natürlich hat Bergen ein Seefahrtsmuseum, außerdem ein interessantes Fischereimuseum, und sehr empfehlenswert ist das Aquarium. Historisch Interessierten sei das neue «Bryggen-Museum» mit der Geschichte der Stadt im Mittelalter empfohlen. Norwegische Malerei aus dem 19. und 20. Jahrhundert ist in der Rasmus-Meyers-Samlinger im Zentrum ausgestellt. Einen Ausflug wert ist das Freilichtmuseum Gamla Bergen. Hier wurden die alten Stadthäuser liebevoll restauriert, und man fühlt sich in vergangene Jahrhunderte versetzt. Etwas außerhalb, im Wald, liegt die gut erhaltene Stabkirche von Bergen, Fantoft. Ursprünglich stand die Kirche in einem kleinen Ort am Ende des Sognefjords.

Einen schönen Überblick über die Stadt erhält man, wenn man vom Fischmarkt ein paar Schritte hinüber zur Fløybanen geht und mit dem Schrägaufzug auf den Aussichtspunkt Fløyen fährt.

Berühmte Söhne der Stadt sind der Dichter und Komödienschreiber Ludvig Holberg (1684–1754) sowie der bereits erwähnte Komponist Edvard Grieg, der übrigens eine Suite zu Ehren Holbergs geschrieben hat. Holberg lebte aber vor allem im Ausland, in Kopenhagen. Grieg baute sich mit seiner Frau Nina in Bergen auf Trollhaugen, nicht weit von Fantoft entfernt, ein Haus am Fjord. Es ist heute ein Museum. Auch die Komponistenhütte am Fjord kann besichtigt werden. Für Konzerte auf Trollhaugen mit Werken von Grieg, die früher im Wohnzimmer der Villa stattfanden, hat man heute einen kleinen Konzertsaal gebaut.

Nach Bergen gelangt man an der Westküste entlang mit dem Fährschiff, auch mit dem Auto muß man zweimal die Fähre nehmen, nur die Eisenbahn über die Hardangervidda umfährt sämtliche Fjorde. Von Bergen aus startet die Hurtigrute, das Postschiff, das in zwölf Tagen am Nordkap vorbei bis Kirkenes an der russischen Grenze fährt (siehe Seite 66).

DIE NORWEGISCHE KÜCHE – EINFACH ABER SCHMACKHAFT

Die traditionelle Küche Norwegens ist einfach; lange Zeit wurde sie Urlaubern nur selten angeboten, weil man sich des Alltagsessens schämte.
Eggerøre, so heißt das Rührei, ist bestimmt keine kulinarische Offenbarung, doch *spekemat*, eine deftige Aufschnittplatte mit geräuchertem Lamm- und Rentierschinken, ist ohne *eggerøre* einfach undenkbar. Auf dem Tisch steht immer

Mürbegebäck mit Zuckerguß zum Kaffee.

ein Korb mit *flatbrød*, dem hauchdünnen, knusprigen Knäckebrot, das einen ausgeprägten Brotgeschmack hat und beim Essen knistert und knackt.
Zum Lunch oder zum *middag*, dem warmen Abendessen, ißt man *rømmegrøt*, eine kalorienreiche Sauerrahmgrütze, die mit flüssiger Butter übergossen und mit Zucker und Zimt bestreut wird. Mittags warm zu essen, ist in Norwegen kaum üblich. Als Nachspeise oder süße Zwischenmahlzeit werden *lefser* gereicht, eine wohlschmeckende Sorte weicher Backwaren, zwischen Fladenbrot und Pfannkuchen angesiedelt. Nicht zu empfehlen sind die abgepackten, mit zuckersüßer Fertigcreme bestrichenen *lefser* aus dem Supermarkt. Zum Nachtisch gibt es häufig Sauerrahm und Beerenmarmelade oder besser noch frische Erdbeeren. Die Krönung sind allerdings Moltebeeren, orangefarbene Früchte, die Himbeeren ähnlich sehen und einen ganz eigenen Geschmack haben.

Links oben: Fisch wird in vielen Variationen zubereitet, sogar als Fisch-Pudding.
Oben: Ob frisch oder geräuchert. Kabeljau, Makrele, Dorsch, Hering und Lachs werden überall angeboten und filetiert, gebraten oder paniert serviert.
Mitte: Flatbrød, bei uns als Knäckebrot bekannt, wird zum Lunch und Middag gereicht.
Unten: Eingelegter Hering.

Wie alle Skandinavier trinken auch die Norweger sehr gerne Kaffee. Zu jeder Tages- und Nachtzeit steht er bereit, und es kann durchaus passieren, daß man bei einer norwegischen Familie noch abends um zehn Uhr Kuchen mit einer Tasse Kaffee angeboten bekommt. Meistens ißt man Kuchen jedoch zum Nachmittagskaffee.
Etwas Besonderes ist die Sitte, im Lokal beim Kaffee einen Nachschlag, *påtår* genannt, zu bekommen. Die zweite und eine weitere Tasse sind entweder kostenlos oder billiger als die erste Tasse.
Fischgerichte und eine originäre Fischeßkultur finden sich in erster Linie an der Küste. Kulinarische Hochburgen sind die Städte, wo man, allerdings nicht gerade preiswert, ausgezeichnet Fisch essen kann. Zuchtlachs und Süßwasserfische stehen ebenso auf der Speisekarte wie Heilbutt und Dorsch, die in allen erdenklichen Variationen angeboten werden. In der Adventszeit ißt man beispielsweise den *lutefisk*. Das ist ein Dorsch, der verschiedene Behandlungsarten durchlaufen hat: Aus dem fetten Dorsch wurde ein steinharter Trockenfisch, der dann wiederum eingeweicht und schließlich zu puddingähnlicher Konsistenz eingekocht wird (siehe Abbildung links oben). Manche Restaurants im Land verstehen es noch, dieses traditionelle Gericht optisch und geschmacklich ansprechend zu servieren. Dazu trinkt man das eigens für die Advents- und Weihnachtszeit gebraute Starkbier, das sogenannte *juleøl*. Was das Angebot an Getränken betrifft, so ist die Weinauswahl in den Restaurants meistens erstaunlich gut.
Das norwegische Bier ist ein wenig herb und wird ohne Krone gezapft, was seiner guten Qualität jedoch keinen Abbruch tut. Deutsche Biertrinker könnte das Fehlen einer Krone vielleicht stören. Aber nur Mut, man kann sich an den Geschmack gewöhnen! Das in Tromsø gebraute *Mack-øl*, das nördlichste Bier der Welt, ist auf dem besten Wege, zu einem Kultbier zu werden.
Und zum Abschluß eines Essens darf in Norwegen ein guter Aquavit nicht fehlen.

Ralf Schröder

Oben: Zur norwegischen Küche gehören Krabben, die vor allem in Nordnorwegen gefischt werden. – Unten: Eine Delikatesse: Eismeerscholle.

Ålesund ⑫. Die Stadt an Norwegens Westkap (36000 Einwohner) liegt weit draußen an der Küste auf mehreren mit Brücken verbundenen Inseln. Im Hafen liegen die Walfangboote mit ihren kanonenähnlichen Harpunen vertäut. Bei einem Spaziergang auf der Hauptinsel entdeckt man Jugendstilhäuser mit ihren zarten Verzierungen, die so gar nicht hierher zu passen scheinen. Gebaut wurden diese Häuser nach einem Stadtbrand 1904 mit Unterstützung des Auslands, einer der Geldgeber war auch Kaiser Wilhelm II. Einen sehr schönen Blick über die Inselstadt Ålesund bekommt man vom Berg Aksla aus.

Molde ⑬. Diese kleine Stadt nordöstlich von Ålesund wird auch die «Stadt der Rosen» genannt. Es mag überraschen, daß am 62. Breitengrad Rosen blühen und Kastanien, Linden, Eschen und Blutbuchen wachsen. Hier macht sich der das Klima der Westküste bestimmende Golfstrom auf ganz besondere Weise bemerkbar. Ein großes Ereignis in Molde ist das alljährliche Jazzfestival im August. In der Rosenstadt wuchs, nachdem die Familie aus Østerdalen nach Romsdal übergesiedelt war, der berühmte Dichter und Nobelpreisträger Bjørnstjerne Bjørnson auf.

Mittelnorwegen – Fjell und Vidda

Fjord und Fjell (das norwegische Gebirge), diese beiden charakteristischen Landschaftsformen Norwegens, gehören zusammen; so hoch wie das Gebirge sich auftürmt, so tief sind die Fjorde. An der Küste sieht alles noch verhältnismäßig flach aus, aber rasch beginnt sich der Fjell bemerkbar zu machen und steigt im Landesinneren von Meereshöhe bis zu 2000 Meter an. So geht der Hardangerfjord über in die Hardangervidda, ein gebirgiges Hochplateau mit einer mittleren Höhe von 1300 Metern (Hardangerjøkul 1839 Meter). Der Sognefjord wiederum stößt an die Ausläufer des Jostedalsbreen, Norwegens größten Gletscher und Teil des Gebirges Jotunheimen.

Erdgeschichtlich betrachtet sind Fjord und Fjell gleichzeitig entstanden, bei einer Landhebung im Erdzeitalter des Silur. Dazu kam die Wirkung der Eiszeit: Die gewaltigen Eismassen, die Norwegen bedeckten, schmolzen langsam, fraßen einerseits tiefe Rinnen (die Fjorde) und gleichzeitig setzte sich durch den nachlassenden Druck die Landhebung fort, ein Prozeß, der bis heute nicht abgeschlossen ist.

Telemark ⑭. Das norwegische Gebirge beginnt in Südnorwegen, gleich im Anschluß an die norwegische Riviera, erreicht mit dem «Gausta» eine Höhe von 1883 Metern und geht im Norden in die Hardangervidda über. Dieses südlichste Fjell-Land trägt den Namen Telemark, international bekannt geworden bei den skifahrenden Nationen durch den Telemark-Schwung und die Telemark-Bindung. Denn in der Telemark, im kleinen Dorf Morgedal, stand die Wiege des modernen Skilaufs. Wie dieser Anfang aussah, zeigt ein Skimuseum.

Einen guten Einblick in die Eigenart dieses Landesteils vermittelt auch das Volksmuseum der Telemark, eine Freilichtanlage mit grasbewachsenen Häusern und schönen Bauernstuben. Dieses Museum liegt in Skien, der «Stadt der Holzsägen», wie Henrik Ibsen diesen Ort, in dem er am 20. März 1828 geboren wurde, genannt hat. Skien bildet für das Holz das Bindeglied zwischen Meer und Gebirge, hierher kommt das geschlagene Holz auf den zahlreichen Wasseradern aus den Wäldern der Telemark, hier wird es verarbeitet und verschifft. Einen nachhaltigen Eindruck von der ursprünglichen Natur der Telemark bekommt man durch eine Schiffsreise auf dem für das Flößen des Holzes gedachten Bandakkanal. Im 19. Jahrhundert hat man durch Kanäle und Schleusen einen Wasserweg ins Gebirge geschaffen. Zehn Stunden dauert diese Fahrt mit einem alten Dampfer von Skien bis zu dem einsamen Dorf Dalen: Man fährt über mehrere fjordähnliche Seen, die von gewaltigen Bergmassiven überschattet werden und pechschwarz erscheinen, gleitet vorbei an endlosen Wäldern und erblickt ab und zu in der Landschaft ein einsames Gehöft und ein paar Schafe.

Hardangervidda ⑨. Vidda heißt Hochebene und bezeichnet den speziellen Landschaftscharakter des Gebirges. Bis Juni liegt hier Schnee und die Eisenbahn nach Bergen wird bei der Überquerung der Hardangervidda durch zahlreiche Holztunnel vor Schneeverwehungen geschützt. Finse, der höchste Bahnhof, liegt auf 1222 Meter Höhe. Von hier aus erschließt sich dem Wanderer auf langen Tagesmärschen von Hütte zu Hütte die großartige Landschaft der Vidda. Fünf Tage dauert eine Tour bis nach Aurland an den Ausläufern des Sognefjords. Dort erwartet den müden Wanderer das Fährschiff und eine herrliche Fahrt durch eine gewaltige Fjordlandschaft bis nach Bergen.

Jotunheimen ⑮. Nordische Legenden berichten davon, daß in Jotunheimen gefährliche Riesen hausten, mit denen die Götter immer wieder ihre Auseinandersetzungen hatten. Dieses Gebirge umfaßt den größten Gletscher des Landes, den bereits erwähnten Jostedalsbreen, dazu etwa 250 Gipfel, die sich über 2000 Meter erheben, darunter Galdhøpiggen (2469 Meter) und Glittertinden (2452 Meter), die beiden höchsten Berge Norwegens. Im vorigen Jahrhundert begann die Erschließung dieses Reiches der Riesen für Touristen und Wanderer. Auf markierten Wegen sind viele der Gipfel erreichbar, überall gibt es Hütten und Unterkünfte, in denen man sich von den keineswegs harmlosen Touren erholen kann. Der Komponist Edvard Grieg wanderte gern in Jotunheimen, die extreme Weite und Größe dieser wilden Berg- und Gletscherlandschaft faszinierte ihn.

Gudbrandsdal ⑮. Den östlichen Abschluß von Jotunheimen bildet das Gudbrandsdal, ein weites und fruchtbares Flußtal. An den sanften Hängen stehen gepflegte Bauerngehöfte, die dunklen, schwarzen Gebäude sind mit Schnitzereien verziert und besonders das Stabbur, das auf Holzpfählen stehende Vorratshaus, soll den Reichtum des Bauern zeigen. Auf den Wiesen grasen Pferde und Kühe und alles deutet auf einen im übrigen Norwegen nur selten zu findenden bäuerlichen Wohlstand hin. Am Beginn dieses Tales liegt *Lillehammer*, ein Handelsstädtchen, das 1813 an der Nordspitze

Fortsetzung Seite 142

Fischkutter im nördlichen Porsangerfjord, der seinen Namen nach dem wilden arktischen Rosmarin Pors (deutsch: Porst; lateinisch: Ledum), der hier oben überall wächst, erhalten hat.

Nächste Doppelseite: Norwegen hat drei Staatsgrenzen; im Osten zu Schweden, im Nordosten zu Finnland, und im äußersten Nordosten bildet die Landstraße bei Jakobselv einen Teil der Grenze zu Rußland.

Diesem Fischer am Varangerfjord bei Kirkenes ging eine besonders schöne Krabbe ins Netz.

Heute treiben die Samen (Lappen) bei Alta in der Finnmark mit modernsten Cross-Motorrädern ihre Rentierherden zusammen.

Oben und unten: Rentierschlachtung auf der Nordkap-Insel Magerøya.

In den Trachten ihrer Vorfahren gehen die jungen Samen noch heute …

... zu Ostern in Kautokeino in der Finnmark zur Konfirmation.

Nächste Doppelseite: Abendstimmung bei Smørfjord am Porsangerfjord in der nördlichen Finnmark. Der Porsangerfjord ist Norwegens viertgrößter Fjord.

Herbstimpressionen aus der Finnmark. Oben: Die Kirche des Samendorfes Aisoroaivve. Unten: Landschaft bei Alta …

... Oben: kleiner Fluß bei Skaidi. Unten: Ahornbäume in einem Waldstück bei Kirkenes.

Abendliches Tromsø. Die mit pulsierendem Leben erfüllte Handels- und Seefahrerstadt ist Ausgangspunkt vieler Expeditionen und Fangtouren in die Arktis.

Wegen des extrem flachen Lichteinfalls ist die Dämmerung im Norden ungewöhnlich lang. Der Abendhimmel bietet ein imposantes Farbenspiel. Hier bei Lakselv am Porsangerfjord.

Hammerfest – «Ankerplatz an der Felsenwand» – ist die nördlichste Stadt der Welt. Der ganzjährig eisfreie Hafen ist ein idealer Stützpunkt der Eismeer-Fischereiflotte.

Die Europastraße 6, hier bei Storslett in der Provinz Troms, führt in den Hohen Norden.

Nordlicht in der südlichen Finnmark. Das Polarlicht, wie diese nächtliche Leuchterscheinung in den hohen Schichten der Atmosphäre auch genannt wird, tritt mit unterschiedlicher Intensität sowie in wechselnden Formen und Farben auf.

Vorhergehende Doppelseite: Samen zählen auf der Nordkap-Insel Magerøya ihre Rentiere.

WENN DAS NORDLICHT LEUCHTET

«Ich hatte folgendes Gesicht: Von Norden her brach ein Sturmwind herein mit einer gewaltigen Wolke voll flackernden Feuers. Lichtglanz umgab sie, und von innen heraus leuchtete es wie Glanzerz im Feuer.» Was der Prophet Ezechiel hier beschreibt, könnte durchaus ein Nordlicht gewesen sein, was allerdings eine sehr irdische Erklärung seiner göttlichen Vision wäre. Das Nordlicht ist in Mitteleuropa nur selten zu beobachten, doch auf der Nordkalotte kann man es bei klarem Himmel recht häufig sehen, was nicht heißt, daß man im Norden mit diesem Naturphänomen rationaler umgegangen wäre als der Prophet.

Lange Zeit war der Versuch, das Nordlicht zu begreifen, durch Mythen und Aberglauben blockiert. Lange galt es als Warnung vor kommendem Unglück oder Krieg. «Wer dem Nordlicht winkt, den holt es sich», heißt es auch heute noch. Das nimmt zwar niemand mehr richtig ernst, aber ausprobieren dürfen es die Kinder auch heute noch nicht so recht.

Ganz anders geht die Wissenschaft an das *aurora borealis* genannte Nordlicht heran. Sie erforscht es mittels Beobachtungsstationen, Satelliten und Raketen von Tromsø und Kiruna aus. Das Nordlichtobservatorium in Tromsø wurde 1928 aus Mitteln der «Rockefeller Foundation» erbaut und ist seit 1971 der Universität von Tromsø angeschlossen.

Im 17. Jahrhundert begann man bereits mit der Erforschung des Nordlichts. Der Schwede Anders Celsius (1701–1744) stellte als erster fest, daß ein Zusammenhang zwischen dem Nordlicht, magnetischen Störungen und der Aktivität der Sonne besteht. Mit den Arbeiten des norwegischen Physikers Kristian Birkeland, die zwischen 1898 und 1913 veröffentlicht wurden, begann die moderne Nordlichtforschung. Heute geht man davon aus, daß die Sonne einen regelmäßigen Strom von Partikeln freisetzt, die sogenannten Sonnenwinde. Diese Partikel dringen an den beiden Polen in die Erdatmosphäre ein, wo die magnetische Abschirmung am schwächsten ist. Das südliche Gegenstück zur *aurora borealis* heißt *aurora australis*. Wenn die energiereichen Elektronen und Protonen in der Erdatmosphäre mit neutralen Gaspartikeln kollidieren, wird das Gas ionisiert und in einen weniger stabilen Zustand gebracht, so daß es die zugeführte Energie in Form von Licht abgibt. Die unterschiedlichen Farben des Nordlichts hängen von der zugeführten Energiemenge und von der Dichte der atmosphärischen Gase ab.

Die Höhe des Nordlichts verändert sich im Laufe des Tages. Es findet in einer Höhe von 150 bis 200 Kilometern statt, kann sich aber bis auf 100 Kilometer der Erde nähern. Auch dies hängt offensichtlich davon ab, wie energiereich die Partikel des Sonnenwindes sind. Am häufigsten ist das Nordlicht in der sogenannten Nordlicht-Zone zu sehen, einem Oval, das um den magnetischen Nordpol liegt. Die ovale Zone wandert, so daß Nordskandinavien Jahre mit starker und Jahre mit geringerer Nordlichtintensität kennt.

Es gibt verschiedene Formen des Nordlichts. Oft beginnt es am Nachmittag mit schwachen Lichtbögen am Himmel, die sich nur wenig bewegen. Abends nimmt die Intensität zu, die Bewegung verstärkt sich, die gleichmäßigen, bis zu 50 Kilometer breiten Bögen gehen in kräftige Strahlen über. Lichtwellen ziehen von Norden nach Süden oder in ostwestliche

Richtung. In einer Nacht können mehrere Nordlicht-Ausbrüche vorkommen, vornehmlich zwischen 18 und 22 Uhr, Zeit der «magnetischen» Mitternacht.

Danach nimmt die Lichtintensität ab, Bewegungen, Formen und Konturen werden schwächer, und ein meist grünlicher Schleier legt sich über den Himmel. Das Nordlicht ist an keine Jahreszeit gebunden, aber nur bei Dunkelheit zu sehen. Gegen die Mitternachtssonne des Sommers hat das Nordlicht kaum eine Chance. Und deshalb haben die meisten Urlauber im Sommer nur eine Chance, das Nordlicht zu sehen: Sie besuchen das Nordlichtplanetarium in Tromsø, wo sie in Flugzeugsesseln in Schlafstellung auf eine Kuppeldecke schauen, an die zunächst der Sternenhimmel projiziert wird, bevor ein etwas zu rasantes Video unter anderem das Nordlicht zeigt und erklärt. Doch auch wer im Winter kommt, sollte Zeit mitbringen. Wenn der Himmel voller Wolken hängt, ist auch bei stärkster Nordlichtaktivität mit bloßem Auge nichts zu sehen.

Ralf Schröder

des Mjøsa-Sees gegründet wurde, Austragungsort der Olympischen Winterspiele 1994. Einst war die Dampfschiffahrt auf dem Mjøsa wirtschaftlich von großer Bedeutung für das Leben Lillehammers, heute fährt der Raddampfer nur noch als Touristenattraktion von der alten Bischofsstadt Hamar nach Lillehammer. Der Wasserweg wurde ersetzt durch die E 6 und die Eisenbahnlinie «Dovrebane», beide Verkehrsadern führen nach Trondheim ⑰. In Lillehammer befindet sich ein Freilichtmuseum über die Bauernkultur des Gudbrandsdal. Alte Höfe und eine Stabkirche aus dem Jahre 1200 wurden an ihrem alten Standort abgerissen und hier wieder aufgebaut. Außerdem sind Werkstätten zu besichtigen, die das Handwerk Norwegens zeigen.

Der berühmteste Sohn aus dem Gudbrandsdal ist Peer Gynt. Im norwegischen Märchen erschlägt er furchtlos die Trolle; an der harten Bauernarbeit soll er jedoch wenig Interesse gezeigt haben. Heimatort dieser legendären Gestalt ist das Dorf Vinstra, dort steht der große Peer-Gynt-Hof und von dort führt abseits der E 6 eine Mautstraße, der Peer-Gynt-Seterweg nach Kvam.

Ostnorwegen – und «ewig singen die Wälder»

Bescheidener als das weite und reiche Gudbrandsdal nimmt sich Østerdalen aus, das Osttal, durch das Norwegens längster Fluß, die Glomma (611 km), fließt. Das Land ist flacher, es gibt keinen Fjell, endlos scheinen sich die Wälder – bis weit nach Schweden hinein – zu erstrecken. Der südlichste Teil dieses Waldgebietes heißt «Finnskogen». Dort siedelten in früheren Jahrhunderten auch Finnen, die sich hier fast wie zu Hause fühlten, da die Landschaft der finnischen sehr ähnlich ist. In Ostnorwegen sagen sich nicht nur Fuchs und Hase gute Nacht, sondern auch Luchs und Wolf. Einst gab es hier sogar Bären, wie man aus dem großen Bauernepos von Trygve Gulbranssen über die «ewig singenden Wälder» weiß.

Hamar ⑮. Das freundliche Städtchen hat etwa 16 000 Einwohner und liegt an der Ostseite des Mjøsasees. Hier zweigt die Ostroute der Eisenbahnlinie nach Trondheim ab, die Rørosbahn. Bei Hamar kann man mit dem Auto die E 6 verlassen und auf Schleichwegen über die Reichsstraße N 3 weiter nordwärts fahren.

Im Mittelalter war die Bischofsstadt Hamar ein wichtiges Handelszentrum. Von dieser Zeit zeugen die steinernen Reste des Doms aus dem Jahre 1153 auf der Halbinsel im Mjøsasee. Ebenfalls auf der Halbinsel befindet sich ein hedemarkisches Bauern-Freilichtmuseum.

Røros ⑯. Als eine Attraktion besonderer Art gilt die Grubenstadt Røros (3300 Einwohner) im Østerdal. Hier herrscht ein ganz anderes Klima als in der lieblichen Stadt Hamar. Die Stadt liegt etwa 700 Meter über dem Meeresspiegel, und über die ausgedehnte Rørosvidda, eine kahle Hochebene auf über 1000 Meter, weht ein rauher Wind. Im 17. Jahrhundert begann man bei Røros Kupfer abzubauen, die letzte Grube wurde erst 1977 geschlossen. Sicher ist es auf diese Bergbautradition und die abgelegene Lage zurückzuführen, daß in Røros die Zeit stehengeblieben zu sein scheint. Man fühlt sich um mindestens ein Jahrhundert zurückversetzt; es ist beinahe wie in einem Museum: wenig Autoverkehr; die alte Grubenglocke hängt in ihrem Gestell als würde sie jeden Tag noch geläutet; die niedrigen, dunklen Holzhäuser der Bergleute aus dem vorigen Jahrhundert sind unverändert; die Förderanlagen sind fast alle noch erhalten, ebenso wie die große Holzkirche von 1780. So eignete sich diese Stadt sehr gut als Kulisse für Verfilmungen einiger Schauspiele Henrik Ibsens. Für den Film «Ann Magritt» nach dem gleichnamigen Roman des bei Røros geborenen Schriftstellers Johan Falkberget konnte man an den Originalschauplätzen des Romans drehen. Inzwischen wurde Røros von der UNESCO in die Liste der erhaltungswürdigen Kulturdenkmäler der Welt aufgenommen.

Femundmarka ⑯. Das Wander- und Freizeitgebiet östlich und südöstlich von Røros um den Femundsee gilt es noch zu entdecken. Dieser See, an den sich zahlreiche Flußläufe und andere Gewässer anschließen, ist ein Paradies für Kanuwanderer und Angler. Gute Karten und Tips hält das Touristenbüro von Røros für den Feriengast bereit.

Trondheim ⑰. Die alte Bischofsstadt ist mit 137 000 Einwohnern Norwegens drittgrößte Stadt. Sie liegt an der E 6, die beiden Eisenbahnlinien von Oslo (über Dombås bzw. über Røros) laufen hier zusammen, und ab Trondheim wird das Land schmal und eng, zum «Nor-wegen», zum Weg nach Norden. Der Sage nach wurde die Stadt im Jahre 997 von dem Wikingerhäuptling Olav Tryggvason gegründet. Er ließ an der Mündung der Nida eine Königsburg bauen und machte die Stadt, die zu dieser Zeit wegen ihrer Lage am Fluß Nidaros hieß, zur Residenz. Nachfolger Olav Tryggvasons war Olav Haraldsson, der sich in der Normandie hatte taufen lassen. Er trug wesentlich zur Christianisierung Norwegens bei und wurde nach seinem gewaltsamen Tod 1030 zum Märtyrer und Heiligen. Ihm zu Ehren wurde der Nidaros-Dom gebaut, das größte mittelalterliche Bauwerk des Nordens. Viele Könige und Königinnen sind hier gekrönt und später beigesetzt worden. Auch die Erzbischöfe wurden in dem gewaltigen, 1320 fertiggestellten Steingebäude begraben. Bis zur Reformation war Trondheim (bzw. Nidaros) das geistige Zentrum des Landes. Der Dom liegt am einen Ende der Munksgatan, der Hauptstraße. Von dort gelangt man über den Marktplatz (Torget), in dessen Mitte auf hoher Säule Olav Tryggvason steht, zum lebhaften Fischmarkt Ravnkroa am Hafen. Von hier aus verkehren Fährboote zur Insel Munkholmen, auf der sich im Mittelalter ein Kloster befand, im 17. Jahrhundert ein Gefängnis und dann eine Festungsanlage. Heute gibt es hier ein Seebad. An der Munksgata liegt Stiftsgarden, das größte Holzgebäude des Nordens, im 18. Jahrhundert erbaut und zeitweise auch von den Königen bewohnt. Eine weitere Sehenswürdigkeit ist das Volksmuseum, das etwas außerhalb der Stadt liegt. Als kleine Besonderheit sei das musikhistorische Museum erwähnt; hier gibt es je ein Mozart, Beethoven, Chopin und Tschaikowski gewidmetes Zimmer.

Überholen ist auf der Trollstigen bei Åndalsnes zwecklos. In elf Serpentinen mit einer Steigung von zwölf Prozent überwindet die Paßstraße nach Norddal den Fjell. Norwegens Bergwelt ist so vielgestaltig wie kaum ein anderes europäisches Gebirge: Es gibt bewaldete Höhenzüge, bizarre Felsschründe, mit ewigem Eis bedeckte Gipfel mit einer Höhe von über 2400 Metern, kahle Hügel und grüne Hochtäler.

STOCKFISCH FÜR ITALIEN

Jedes Frühjahr hängt auf den Lofoten der Himmel voller Fische. Einmal an Land, wird der Dorsch zum Trocknen auf große Trockengestelle aus Holz gehängt. Dann sieht man von Å bis Svolvær vor lauter Dorsch die Berge nicht. Wenn die Kutter in die Häfen kommen und den Dorsch anlanden, dann beginnt die Zeit der Aufkäufer. Sie benötigen für den Handel mit dem Fisch eine Lizenz. Nur eine begrenzte Zahl an Aufkäufern wird zugelassen, die Mindestpreise sind durch die Genossenschaften festgelegt. Die Arbeitsteilung zwischen Fischern und Händlern ist nicht nur durch jahrhundertelange Tradition, sondern auch durch gesetzliche Bestimmungen geregelt.

Bei der Weiterverarbeitung werden die Fische zunächst ausgenommen und der Kopf entfernt. Die Fischköpfe werden ebenfalls getrocknet und separat verkauft. Rogen und Leber kommen frisch oder in Dosen zur Kundschaft. Was vom Dorsch übrigbleibt, hängt im Freien und ist Wind und Wetter ausgesetzt, was aber nicht im geringsten verhindert, daß das Fischaroma wie eine Glocke über den Orten liegt. Der Trocknungsprozeß entzieht dem Dorsch bis zu 70 Prozent Wasser. Der getrocknete Fisch heißt dann Stockfisch. Der Name hat seine Berechtigung, denn die Dorsche sind nun bretthart, lassen sich sortieren und auf Paletten für den Versand stapeln. Doch nicht nur der Dorsch, auch Köhler und Schellfisch werden als Stockfisch getrocknet. Die Lufttrocknung ist eines der ältesten Konservierungsverfahren und deutlich billiger als das Einlegen in Salz. Das Ergebnis des Trocknungsprozesses ist eine Art Fischkonzentrat. Vom Nährwert her entspricht ein Kilo Stockfisch fünf Kilo Frischfisch. Stockfisch ist reich an Proteinen und an Vitamin B sowie an Eisen und Calcium. Zubereitet wird er üblicherweise, indem er zunächst gewässert, dann gekocht wird.

Fischer in Stamsund (oben). Trockengerüste für Stockfisch in Svolvær (rechts). Fischer bei den Lofoten (Foto um 1920, unten).

Soweit historische Quellen zurückreichen, ist der Stockfisch auf den Lofoten nachweisbar. Für die Wikinger waren Nordschweden, die Kola-Halbinsel und alle Küsten des Nordens die Märkte, wo sie den getrockneten Fisch verkauften. Zu Zeiten der Hanse blühte der Handel mit Stockfisch auf und wurde zur wichtigsten Einkommensquelle für die Küstenfischer. Viele neue Siedlungen entstanden auf den Lofoten, den Vesterålen und weiter nördlich in der Finnmark. Über deutsche und später norwegische Kaufleute in der Hansestadt Bergen wurde der Stockfisch in alle Welt verschifft, denn seine gute Lagerfähigkeit ermöglichte lange Transportwege. Die Fastenzeit schließlich verhalf dem nordnorwegischen Fisch zu erstaunlichem Erfolg in Mitteleuropa. Im 17. Jahrhundert bekam der Stockfisch Konkurrenz durch den gesalzenen Klippfisch, das sind kleinere Fischarten, die ursprünglich auf den Klippen liegend getrocknet wurden. Von den Ländern mit überwiegend katholischer Bevölkerung hat nur Italien die starke Verbindung mit den Lofoten aufrechterhalten. Die Italiener blieben dem Stockfisch treu. Mit der Verknappung des Dorschs stiegen die Preise, und *Stoccafisso*, wie er auf italienisch heißt, wurde eine Spezialität. So kommt es, daß heutzutage auf den Lofoten die Qualitätsbezeichnungen für den Stockfisch normalerweise italienische sind. *Ragno*, *Westre Magro*, *Grand Premier* sind die Namen der drei besten Qualitäten für den norditalienischen Markt, *Hollandese* und *Bremese* (= Bremer) die für den süditalienischen Markt. Zwischen 2,8 und drei Millionen Kilo *Tørrfisk* werden jährlich von Norwegen nach Italien exportiert. Nigeria, die USA und Deutschland folgen auf den nächsten Plätzen.

Steinar Larsen, Fischaufkäufer und Stockfischspezialist in Å, zog sogar für längere Zeit nach Italien, um die Sprache zu erlernen. Er möchte mit seinen wichtigsten Kunden in deren Landessprache verhandeln können. Denn wenn die großen Kunden aus Mailand auf die Lofoten kommen, wird ihnen immer ein großer Empfang bereitet. Der beste Tisch im Restaurant, ein Gespräch mit dem Bürgermeister, frischer Fisch morgens, mittags, abends, alles kein Problem. Nur ihren *Stoccafisso* bekommen sie hier nicht auf den Tisch, denn es gibt auf den Lofoten kein Restaurant, das Stockfisch zubereitet. Dafür müssen die Italiener schon in Mailand ihr Spezialitätenrestaurant aufsuchen.

Ralf Schröder

Überall auf den Inseln sind die Gestelle zu sehen, auf denen der Dorsch getrocknet wird. Einen Stockfisch zuzubereiten, erfordert Geduld: Er muß vor dem Kochen oder Braten erst mehrmals gewässert werden.

Stamsund auf der Lofoten-Insel Vestvågøy wird auch von der Hurtigrute angelaufen. Die Jugendherberge des kleinen Fischerdorfes ist zu einem internationalen Treffpunkt geworden.

Von der Kristiansten festning, einer Festungsanlage aus dem 17. Jahrhundert, hat man eine interessante Aussicht über die Stadt Trondheim und den Trondheimsfjord.

Jenseits des Polarkreises

Eine Landkarte von Norwegen – ohne Schweden und Finnland – bietet einen merkwürdigen Anblick. Ein dicker Kopf mit einem langen Schwanz. Um dieses Gebilde besser zeigen zu können, wird es zum Beispiel bei der Wetterkarte im Fernsehen zweigeteilt: rechts der dicke Kopf Südnorwegens und links das schmale Nordnorwegen. Es sieht fast so aus, als seien es zwei verschiedene Länder, und man kann auch eine Reihe von grundlegenden Unterschieden feststellen. Bereits rein geographisch ist klar, daß der Norden ein rauheres Klima und extremere Lebensbedingungen aufweist als der Süden. Entsprechend dünner ist die Besiedelung. Bei 66,3° nördlicher Breite verläuft der Polarkreis. Man passiert die Polarkreissäule, wenn man das Saltfjell auf der E 6 überquert oder, mit der Nordlandbahn, kurz vor dem Bahnhof Stødi.

In Nordnorwegen scheint die Sonne im Sommer Tag und Nacht, aber während der übrigen Zeit des Jahres verschwindet sie fast völlig.

Bodø ⑱, an der Mündung des Saltfjordes, ist die zweitgrößte Stadt Nordnorwegens mit 30 000 Einwohnern. Das Stadtwappen von Bodø zeigt die Mitternachtssonne auf rotem Feld, welche in Bodø jedes Jahr einen Monat lang (von Anfang Juni bis in den Juli) ohne Unterbrechung scheint.

Seit 1962 ist Bodø auch mit der Eisenbahn zu erreichen, zweimal täglich kommen Züge aus dem 742 Kilometer entfernten Trondheim ⑰ zu diesem letzten Bahnhof im Norden. Die Weiterreise kann mit dem «Nord-Norge-Bussen» erfolgen, der von Fauske startet und bis Kirkenes an der russischen Grenze fährt (1323 km). Wer zum Nordkap ⑤ will, hat noch 1028 Kilometer zurückzulegen. Eine sehr zuverlässige und bequeme Alternative zum Bus bietet das Postschiff, die berühmte Hurtigrute, von Bodø aus.

Hauptattraktion Bodøs ist, wie fast bei allen Städten Nordnorwegens, die Natur: ein hoher Himmel, der Kontrast zwischen dem rauhen Meer und schneebedeckten Bergen, die klare Luft und die Illumination der Landschaft durch die unvergleichliche Mitternachtssonne.

Vogelliebhaber sollten eine Fahrt zur Vogelinsel Røst, der südlichsten Insel der Lofoten ⑲, unternehmen; und Angelfreunde können im Saltstraumen, in der stärksten Gezeitenströmung der Welt, unter abenteuerlichen Bedingungen Lachse fischen. In der Stadt ist das Nordlandmuseum sehenswert – und wie könnte es auch anders sein, hierbei besonders die Fischereiabteilung des Museums.

Lofoten ⑲. Etwa 200 Kilometer lang ist die von Bodø etwa fünf Stunden mit dem Schiff entfernte Inselkette der Lofoten. Sie trotzt als gewaltige Urgesteinbarriere dem stürmischen Nordmeer. Vom Meeresspiegel bis über 1000 Meter

In einer scheinbar endlosen Kette ziehen Rentiere über den zugefrorenen Karasjokka-Fluß in der nördlichen Finnmark.

Höhe erheben sich die Berge auf den Lofoten; weiß leuchten ihre mit Schnee und Eis bedeckten Gipfel. Nur während des kurzen Nordlandsommers, wenn die Mitternachtssonne die kargen, felsigen Inseln verwöhnt und das golfstromerwärmte Meer Badetemperatur erreicht, zeigen sich die Lofoten von ihrer freundlicheren Seite. Doch schon Anfang September, wenn die Herbststürme mit erstem Schnee einsetzen, offenbaren sich die extremen und unwirtlichen Lebensbedingungen auf diesen Inseln im Nordmeer.

Die Lofoten haben aber ihre eigentliche Hauptsaison nicht im Sommer, wenn die Touristen kommen, sondern im Winter, wenn der Kabeljau kommt. Bereits im Mittelalter wußte man, daß jeweils von Januar bis April riesige Fischschwärme in den engen Fjordarmen zwischen den Inseln auftauchen, um zu laichen. Die Fische kommen aus der Barents-See zu diesem Laichplatz. Der reiche Fang geht weit über den persönlichen Bedarf hinaus. Im Mittelalter war der Fisch ein wichtiges Tauschmittel, um sich unter anderem Getreide zu besorgen. Die bereits erwähnten Lübecker Hanse-Kaufleute in Bergen machten mit dem norwegischen Fisch glänzende Geschäfte, der «Stokfisk» war eine beliebte Fastenspeise. Die Bezeichnung «Stokfisk» oder «Stockfisch» hat mit der Art, wie man die Fische für den Transport konservierte, zu tun. Die Tiere werden geköpft und an den Schwänzen zusammengebunden auf hölzerne Gestelle gehängt, um an der Luft zu trocknen. Die Lufttrocknung, eines der ältesten Konservierungsverfahren, wird immer noch angewandt. Den Stockfisch exportiert man inzwischen auch nach Afrika.

Im 19. Jahrhundert waren am alljährlichen «Lofotfang» bis zu 32000 Fischer beteiligt, heute sind es noch etwa 4000 Mann. Die Fangmenge ist starken Schwankungen unterworfen und reicht von 20000 Tonnen bis zu dem 1947 erzielten Rekordergebnis von 140000 Tonnen.

Neben dem Fischfang und der Fischverarbeitung spielt auf den Lofoten auch die Schafzucht eine wichtige wirtschaftliche Rolle, und überall an den Berghängen sieht man geduldige Wolltiere grasen. Ackerbau ist nur im geringen Umfang unter diesen klimatischen Verhältnissen möglich.

Zum Lofotfang kommen Fischer von der gesamten norwegischen Westküste – früher mit einfachen Holzbooten, heute selbstverständlich mit hochmodernen Trawlern. Einer der vielen Fischerorte auf den Lofoten, wo die Fangflotten seit alters her vor Anker gehen, ist das 600-Seelen-Dorf *Henningsvaer.* Auf ein paar kahlen Inseln, die durch Molen miteinander verbunden sind, befindet sich der geschützte Hafen. Auf glatten Felsen stehen die Holzgestelle zum Trocknen der Fische und dicht daneben die «Rorbuer», die typischen Fischerhütten der Lofoten, die einst für die Bootsbesatzungen, die von weither kamen und für die gesamte Fangzeit eine Unterkunft benötigten, gebaut wurden. Die ersten dieser Hütten hatte bereits König Øystein Magnusson im Jahre 1100 errichten lassen. Wie das einfache Leben in so einem Rorbu ausgesehen hat, schildert sehr anschaulich Johan Bojer in seinem Roman «Die Lofotfischer» (1921). Heute bleiben die am Lofotfang beteiligten Fischer auf ihren Trawlern, und die Rorbuer werden – samt Boot und Angelausrüstung –

an Touristen vermietet. Augestattet mit Elektroheizung, Dusche und Kochgelegenheit wird überall auf den Lofoten die Möglichkeit des sogenannten «Rorbu-Camping» angeboten. Unverändert seit Jahrhunderten ist der Geruch von Teer und Fisch, der sich unauslöschlich im Holz der Rorbuer festgesetzt hat.

Früher war Henningsvaer, wie die meisten Fischerorte der Lofoten, nur mit dem Schiff bzw. mit dem Fährboot zu erreichen. Inzwischen wurden viele Lofoteninseln mit Brücken verbunden. Eine solche Verbindung zur großen Nachbarinsel Vestvågøy hat Henningsvaer seit 1983.

Svolvaer. 4000 Menschen leben in der «Hauptstadt» der Lofoten; sie hat den größten Fischereihafen und ist ein wichtiges Handelszentrum für die nordnorwegische Küste. Der Ort liegt sehr idyllisch auf einigen Inseln und Halbinseln, eingerahmt von einer imposanten Gebirgskulisse. Dieser landschaftliche Reiz lockt in jüngster Zeit immer mehr Künstler nach Svolvaer; es hat sich eine regelrechte Künstlerkolonie gebildet. Das Städtchen eignet sich auch als Ausgangspunkt für eine Lofotenerkundung. Von Svolvaer aus kommen Kletterer schnell in die Berge, und mit dem Boot ist man zum Klettern auch in kurzer Zeit im wildromantischen Trollfjord mit seinen senkrechten Felswänden. In Svolvaer legen die Schiffe der Hurtigrute an, und es gibt Fährverbindungen nach Skutvik mit der Autofähre und nach Narvik.

Narvik ⑳. Die Erzhafenstadt (14 000 Einwohner) liegt sehr malerisch auf dem Festland am Ofotfjord, von der nahegelegenen schwedischen Grenze nur durch hohe Berge getrennt. Über diese Berge hat eine britisch-schwedische Gesellschaft Ende des vorigen Jahrhunderts eine Bahnlinie gebaut, um das schwedische Erz aus Kiruna in den eisfreien Hafen von Narvik befördern zu können. Narvik hat die größte Erzverschiffungsanlage der Welt. Sie ist vollautomatisch und kann Schiffe bis zu 350 000 Tonnen beladen; die Jahreskapazität beträgt 28 Millionen Tonnen. Die schwedische Erzausbeute ist aber seit einigen Jahren rückläufig.

Deutsche und englische Truppen lieferten sich 1940 heftige Kämpfe um den strategisch wichtigen Hafen von Narvik. Die Stadt Narvik ist damals sehr stark zerstört worden. An dieses dunkele Kapitel erinnern das Kriegsmuseum im Ortszentrum von Narvik und ein Soldatenfriedhof.

Von Tromsø zum Nordkap

Tromsø ㉑. Die Inselstadt Tromsø (41 000 Einwohner) gilt als die Hauptstadt Nordnorwegens. Während des Zweiten Weltkriegs war Tromsø für kurze Zeit Landeshauptstadt, als König und Regierung auf ihrem Weg ins Londoner Exil hier Station machen mußten.

Die sogenannte «Eismeerkathedrale», ein durch seine kühne Architektur auffallendes Gotteshaus, ist das moderne Wahrzeichen der Stadt. Das gewaltige Spitzzelt aus Beton – die Frontseite besteht aus einer 23 Meter hohen Glasmalerei, die die Wiederkunft Christi darstellt – symbolisiert die lange Dunkelheit im Winter und das Nordlicht. Man kann sich gut vorstellen, daß dieses Bauwerk während trostloser Polarnächte wie ein kleiner Hoffnungsschimmer auf «hellere» Zeiten wirkt. Die Eismeerkathedrale steht am Beginn der Tromsø-Brücke, die sich in einer Länge von mehr als einem Kilometer über den Tromsøysund spannt. Unter der Brücke wimmelt es von Booten, Trawlern, Fischkuttern und lokalen Fährschiffen. Auch die Hurtigrute läuft Tromsø an und bis zum Bau der Brücke 1960 fuhr auf dem Sund auch die Stadtfähre. Der Wasserweg war die einzige Verbindung der Stadt mit dem Festland. Und für das Flugzeug, heute unentbehrliches Verkehrsmittel in Nordnorwegen, wurde erst 1964 eine Landebahn gebaut.

Die Eismeerkathedrale ist das Wahrzeichen von Tromsø.

Die Gründung Tromsøs fällt in die Zeit der Christianisierung. Eine Papstbulle aus dem Jahre 1308 ordnete den Bau einer «Kirche der heiligen Maria im Heidenland» an. Mit «Heiden» waren die Samen mit ihrem Naturglauben gemeint. Lange Zeit war Tromsø nicht viel mehr als die Kirche und ein Marktplatz, wo sich die Fischer und Bauern aus den umliegenden Dörfern und Weilern regelmäßig versammelten, um zu beten und zu handeln. Die wenigen Kaufleute hier oben bezogen ihre Waren selten aus Südnorwegen, die Geschäfte liefen besser mit dem nähergelegenen Rußland, und so kamen vom Weißen Meer Getreide und andere Nahrungsmittel im Austausch gegen Fisch und Tran.

Der entscheidende wirtschaftliche Aufschwung der Stadt begann jedoch im 19. Jahrhundert. Damals entdeckte man das Nördliche Eismeer als Jagdgebiet für Robben und Eisbären, und die Harpunenkanone, die den Walfang wesentlich erleichterte, wurde erfunden.

Der Nidaros-Dom in Trondheim zählt zu den bedeutendsten Sakralbauten Skandinaviens (siehe auch Seite 49).

Um die Jahrhundertwende starteten von Tromsø, dem «Tor zum Eismeer», aus verschiedene Expeditionen in die Arktis. Dem Polarforscher Roald Amundsen (1872–1928) hat man am Hafen ein Denkmal errichtet. Bei seinem Versuch, von Tromsø aus den bei Spitzbergen verunglückten italienischen Kollegen Umberto Nobile zu retten, kam Amundsen ums Leben.

Svalbard. Für Ausflüge nach Spitzbergen oder Svalbard, wie die norwegischen Inseln im Eismeer auch heißen, ist Tromsø der Ausgangspunkt. Es gibt eine Flug- und eine Schiffsverbindung zur norwegischen Kohlesiedlung Longyearbyen am Adventsfjord, dem einzigen Ort Norwegens, an dem Kohle gefördert wird. Die kahlen, von Eisschollen umgebenen Inseln, diese imposante Naturkulisse, ist sicherlich eine der Hauptattraktionen einer Nordlandfahrt.

Hammerfest ㉒. In der nördlichsten Stadt der Welt, sie liegt etwa auf gleicher Höhe wie die Nordküste Alaskas, leben 6500 Menschen. Die Temperaturen fallen im Winter aber selten unter −4° Celsius; der Golfstrom macht's möglich. Der Eisbär im Stadtwappen hat also nichts mit sibirischer Kälte zu tun, sondern die Eisbärenjagd war einst eine wichtige Einnahmequelle für die Bewohner im äußersten Norden Norwegens. Bis zum Ende des 17. Jahrhunderts war Hammerfest ein kleines Fischernest. Der Aufschwung kam, als der Handel mit Rußland begann, der sogenannte Pomorhandel: Russisches Getreide wurde gegen norwegischen Fisch getauscht. Diese Geschäfte kamen mit der russischen Revolution 1917 zum Erliegen. Ebenso wie in Tromsø spielte die Eismeerfischerei (Robben und Wale) eine sehr wichtige wirtschaftliche Rolle für den Wohlstand der Stadt im hohen Norden.

1890 fiel Hammerfest fast völlig einer Feuersbrunst zum Opfer. Im Zuge des Wiederaufbaus bekam die Stadt als erste des Landes eine elektrische Straßenbeleuchtung. Während der fast dreimonatigen winterlichen Dunkelheit brennen die Lampen ununterbrochen und bringen wenigstens ein bißchen Helligkeit in die finstere Polarnacht.

Noch ein zweites Mal wurde Hammerfest vollkommen zerstört: beim Rückzug der deutschen Besatzungstruppen 1945. Nach dem Krieg wurde Hammerfest wiederaufgebaut und ist heute ein kleines modernes Städtchen, das auch von der Hurtigrute angelaufen wird. Größter Arbeitgeber ist die Findus-Filetfabrik mit etwa 1000 Beschäftigten.

Das Nordkap ⑤. Lang ist der Weg zum gewaltigen, jäh ins Meer abfallenden Felsklotz an der äußersten nördlichen Festlandsspitze Europas. Und dann liegt vor einem nur noch die endlose Weite des Meeres, bis zum Horizont in den rötlichen Glanz der Mitternachtssonne getaucht. Falls das Wetter mitmacht! 1898 hat man ein achteckiges einfaches Holzgebäude, den sogenannten «Champagnerpavillon» am Nordkap errichtet, weil der Aufenthalt dort im Freien bei Regen und stürmischem Wetter oft unmöglich ist. Doch der «Champagnerpavillon» erregte den Zorn des Wettergottes, und eines Tages war er in der Tiefe verschwunden.

WO EUROPA ENDET: DAS NORDKAP

Da rollen sie wieder: die selbstausgebauten VW-Busse mit der Aufschrift «München–Nordkap», der vollgepackte kleine Fiat mit der Aufschrift «Roma–Capo Nord» und all die Reisebusse aus allen möglichen Ländern. Von Mai bis September stehen sie an der Fähre in Kåfjord, um nach Honningsvåg auf der Insel Magerøya überzusetzen. Sie wollen zum nördlichsten Punkt Europas, wollen sich dem Nordpol bis auf 71°10'21" nähern, wollen das legendäre Nordkap sehen.

1993 besuchten 221 069 Touristen, davon knapp die Hälfte Deutsche, in den fünf Monaten der Saison das Nordkap, was einem rechnerischen Durchschnitt von knapp 1400 Besuchern pro Tag entspricht. An Spitzentagen im Juli tummeln sich schon mal 3000 Menschen auf dem letzten Aussichtspunkt vor dem Eismeer. Auch wenn sich die durchschnittliche Aufenthaltsdauer von 1,9 Stunden auf über drei Stunden erhöht hat, gibt es kaum Engpässe. Die Urlauber sind genügsam: Ein Blick, ein Foto, ein Glas Nordkap-Champagner, und fertig ist die Urlaubserinnerung.

Zuwenig Zeit, um diesen Außenposten westlicher Zivilisation zu verstehen. Wer macht sich schon noch die Mühe, den steilen Weg hinunter zur Bucht Hornvika zu gehen, um das Kap von unten zu betrachten? In früheren Zeiten mußten Urlauber erst einmal 307 Höhenmeter überwinden, um auf das Plateau zu gelangen, denn die Nordkapstraße wurde erst 1956 eröffnet. Seither macht die «Automobilisierung» Europas auch vor seinem nördlichsten Punkt nicht halt.

Die ersten ausländischen Besucher waren Forschungsreisende, Seefahrer und Könige. Der Brite Richard Chancellor gab dem markanten Kap auf der Insel Magerøya den Namen, als er 1553 bei dem gescheiterten Versuch, die Nordostpassage nach China zu finden, hier landete. Christian IV. von Dänemark und Norwegen (1599), Louis Philippe, der Bürgerkönig Frankreichs (1795), König Oskar II. von Schweden und Norwegen (1873), Kaiser Wilhelm II. von Deutschland (1889) und der König von Siam (1907) sind die adeligen Vorbilder, die durch ihren Besuch am Nordkap dessen Ruf begründeten.

Sie kamen auf dem Seeweg. Gjæsvær, das große Fischerdorf im Nordwesten der Insel, bekam erst 1976 eine Zufahrtsstraße. Sie ist allerdings nur im Sommer befahrbar. Skarsvåg und Kamøyvær heißen die beiden anderen größeren Orte, die nicht zuletzt aufgrund ihrer Straßenverbindungen überlebten. Tunes dagegen, das einst das nördlichste Fischerdorf Europas war, liegt heute verlassen am Sandstrandfjord. Der Fisch ernährt nicht mehr alle auf Magerøya.

Wer Tunes besuchen will, muß fast zehn Kilometer durch das Fjäll wandern. Hier trifft man auf die Rentiere der Samen und kann die erstaunliche Vielfalt der Pflanzen bewundern. Denn trotz ihrer nördlichen Lage hat die immerhin 436,6 Quadratkilometer große Insel ein mildes Klima, das durch einen Ausläufer des Golfstroms verursacht wird. Die Durchschnittstemperatur auf Magerøya liegt um 20 Grad höher als sonst auf dem 71. Breitengrad üblich. Für einen Bewuchs mit Bäumen reicht das zwar noch nicht, doch an geschützten Stellen wachsen zwischen Schiefer, Gneis und Granit subalpine Pflanzen. Vergißmeinnicht, Geranien und Goldregen haben trotz 200 Tagen Frost und Schnee im Jahr ihre Nischen gefunden. Vorherrschend sind aber Gräser und Moose.

Oben: Stahlglobus am Nordkap.
Unten: Nordkapreise Wilhelm II. 1889; die kaiserliche Jacht «Hohenzollern» bei den Lofoten.

Wer sich Zeit nimmt für Magerøya, wird nicht nur die ungewöhnliche Flora entdecken, sondern auch die vielen anderen Klippen, die außer dem Nordkap steil zum Meer abfallen. Wenn das Wetter mitspielt, kann man eine Wanderung zum nördlichsten Punkt Europas wagen. Nein, nicht zum Nordkap, sondern zu Knivskjellodden, das anderthalb Kilometer weiter ins Nordmeer hineinragt als das populäre Nordkap. Dort gibt es keinen Stempel auf die Postkarte als Beweis dafür, daß man sein Ziel erreicht hat, und es gibt keinen Champagner und keine Videovorstellung von der Aussicht ohne Nebel. Aber vielleicht versteht man die Insel ein wenig besser.

Ralf Schröder

Ein Fischkutter auf dem Gimsøystraumen. Zwischen Januar und April wandern die Kabeljau-Schwärme zu den Lofoten – dann ist Hochsaison für die Fischer der Inseln.

Nächste Doppelseite: Beeindruckend sind die schneebedeckten Bergmassive der Lofoten, die man bei einer Fahrt mit dem Schiff entlang dem Reinefjord sieht. Hier bei Moskenesøya.

In der dünnbesiedelten Finnmarksvidda, einer Hügellandschaft im Nordosten Norwegens, liegt das Samendorf Kautokeino.

Bis vor kurzem konnte man von stabilen Steingebäuden aus einen Blick auf das Ende der Welt werfen, aber im Zuge der touristischen Erschließung des Nordkaps wurden das Restaurant, die Souvenirläden und der Aussichtspunkt unter die Erde verlegt. Sicher vor den Naturgewalten erlebt man heute das «Ende der Welt» bei jedem Wetter durch ein 80 Quadratmeter großes, in den Felsen gesprengtes Panoramafenster.

Kirkenes ㉓. Am Ende der E 6, die übrigens in Rom beginnt, liegt 2537 Kilometer von Oslo entfernt, unmittelbar an der Grenze zu Rußland, die Grubenstadt Kirkenes (3300 Einwohner). Seit 1906 wird hier Erz gefördert und verschifft. Während des Zweiten Weltkriegs wurde die Stadt von der russischen Luftwaffe bombardiert und von den deutschen Truppen schließlich dem Erdboden gleichgemacht. Über zweitausend Menschen suchten damals in den Grubenschächten Zuflucht. Heute wird hier immer noch Erz verschifft.

Die Finnmark – Land der Samen

Lange bevor die Norweger sich zu einem Staat zusammenschlossen, haben sich die Lappen – oder Samen, wie sich dieser Volksstamm selber nennt – im nördlichsten Teil Norwegens, der Finnmark, angesiedelt. Davon zeugen bis heute die seltsamen Ortsnamen, die, trotz einiger Versuche, sie norwegischer zu machen, samisch geblieben sind. Dieses Samisch, eine dem Finnischen ähnliche Sprache, wollte die norwegische Regierung lange Zeit abschaffen. Samen-Kinder mußten in norwegische Schulen gehen; sie sollten ganz der norwegischen Denk- und Lebensweise angepaßt werden. Im 18. Jahrhundert bedeutete das für die Samen in erster Linie eine Übernahme des pietistisch-christlichen Glaubens anstelle ihres einfachen Naturglaubens, der nicht klar genug unterscheidet zwischen Gut und Böse.

Diese Zeiten einer vermeintlichen Aufklärung sind vorbei, inzwischen unternimmt der norwegische Staat alles, um Brauchtum und Kultur dieser Randgruppe zu bewahren. Sprachkurse in Samisch werden im Rundfunk und an Schulen angeboten. Die Samen sollen ihre eigene Sprache wieder lernen und sprechen können. Und die Samen besinnen sich wieder auf ihre Wurzeln.

Heute leben höchstens noch 10 Prozeß der 20 000 norwegischen Samen von der Rentierzucht und davon führen nur die wenigsten ein Nomadendasein. Viele Samen haben sich an der Küste oder an Flüssen niedergelassen und führen dort ein Leben wie andere norwegische Fischer und Kleinbauern auch. Die meisten Samen aber streben nach einer Ausbildung in modernen Berufen. Ihre Traditionen wollen sie aber dennoch bewahren. Immer mehr Samen schreiben Bücher über ihre eigene Kultur und versuchen, sich ihrer kulturellen Identität zu versichern (siehe auch Seite 109).

Kautokeino (Guovdageaidnu) ㉔. Das norwegische Lappland (Samenland) dehnt sich über die gesamte Finnmarks-

vidda, eine 600 bis 700 Meter hohe Hochebene mit tundraähnlichem Charakter, aus. Auf der von Krüppelkiefern, Heidekraut und Wollgras bewachsenen Vidda gibt es zahlreiche Flüsse, Seen und Sümpfe. Im Herbst, wenn die Vidda in allen Farben leuchtet, kann man, wenn man Glück hat, die sehr beliebten, aber seltenen Moltebeeren finden.

Die größte Ansiedlung in der dünnbesiedelten Finnmark, Kautokeino (1400 Einwohner), ist die «Hauptstadt» der norwegischen Samen. Der eigentliche Name des Ortes lautet «Guovdagaeidnu» und bedeutet soviel wie «Öffnung im Wald, wo Weidegras wächst». Eine stattliche Herde von 60000 Rentieren gehört zu Kautokeino, ein Drittel der Bevölkerung von Kautokeino sind Rentierzüchter. Zur Sommerweide werden die Tiere fast bis zum Nordkap getrieben.

Karasjok (Kárášjohka) ㉕. Die nicht weit von der Grenze nach Finnland liegende Samensiedlung Karasjok besitzt 40000 Rentiere. Seit mehreren Jahren hat der Ort ein zweisprachiges Lappengymnasium. Die ursprünglich samische Lebensform kann man in Karasjok im «De samiske samlinger» besichtigen, einem kleinen, sehr informativen Lappenmuseum über die Geschichte dieses Volkes.

Trotz der Anpassung an die moderne Zivilisation lebt die Tradition der Samen hier noch sehr urtümlich weiter, und wenn Sonntags in der kleinen Holzkirche von Karasjok zur Messe geläutet wird, kommen die Samen in ihren schönen, farbenprächtigen Trachten und viele Männer von Karasjok tragen die in dieser Gegend typischen Sternmützen.

Register

Kursive Ziffern verweisen auf Abbildungen.

Textnachweis

Von Ralf Schröder, Hamburg, stammen die Texte «Der große Komponist Norwegens: Edvard Grieg», «Holmenkollen: Mekka der Wintersportler», «‹Hurtigruten› – Lebensader des Hohen Nordens», «Vom Walfang zur Walsafari», «Gletscher, Klimazeugen der Erdgeschichte», «Sámi Duodje – das Kunsthandwerk der Samen», «Auf den Spuren der Wikinger – die Museen der Halbinsel Bygdøy bei Oslo», «Die norwegische Küche – einfach aber schmackhaft», «Wenn das Nordlicht leuchtet», «Stockfisch für Italien» und «Wo Europa endet: das Nordkap».

Orthographie und Interpunktion der «Abenteuer am Polarkreis – Reisebilder aus dem 19. Jahrhundert» folgen den benutzten Ausgaben:
Ferdinand Krauß: Von der Ostsee bis zum Nordkap. Eine Wanderung durch Dänemark, Norwegen und Schweden, mit besonderer Rücksicht auf Kunst- und Culturgeschichte, Sage und Dichtung. Neutitschein, Wien und Leipzig 1888.
Friedrich Mehwald: Nach Norwegen! Leipzig 1858.

Die Fotografen

Fritz Dressler, geboren 1937 in Potsdam. Studium der Fotografie, Architektur und Völkerkunde, Professor an der Hochschule für Kunst und Musik in Bremen. Zahlreiche Veröffentlichungen, darunter im C. J. Bucher Verlag u. a. der Band «Bornholm» in der Reihe Reisen in Europa sowie der Panoramabildband «Der Norden». Lebt bei Bremen.

Hauke Dressler, geboren 1969 in Sindelfingen, als Fotograf Autodidakt, arbeitet als freier Reisefotograf für zahlreiche Magazine. Im C. J. Bucher Verlag u. a. Bildautor des Panoramabildbandes «Australien» und von Reisen in Europa «Fjordland». Lebt in Bremen.

Der Autor

Lothar Schneider, geboren 1946 in Prien am Chiemsee. Studium der Skandinavistik, Geschichte, Germanistik und Philosophie in Regensburg, München und Kopenhagen. Übersetzer zeitgenössischer skandinavischer Literatur und Verfasser von Reisebüchern über Nordeuropa.

Bildnachweis

Archiv für Kunst und Geschichte, Berlin: S. 27 o., 28 o. (3), 28 l.u. und l.M., 29 o., 45 l.o., 74 l.o.
Bildarchiv C. J. Bucher Verlag, München: S. 67, 72 (4), 74 l.u. und u.M., 89 o., 108 u. (2).
Bildarchiv Preußischer Kulturbesitz, Berlin: S. 74 o.M., 150 u.

Fotoarchiv Eising, München: S. 122 l.o. und l.u.
Ingeborg Katzschke, Reinfeld (Sammlung Wilhelm Dreesen, Hofphotograph): S. 68, 69, 70/71, 90/91, 92.
Fotoarchiv Ulrich Kerth, München: S. 122 (3).
Landesbildstelle Hamburg (Sammlung Hans Breuer, Hamburg): S. 88, 105, 106/107, 108 o.
Nordis picture pool GmbH, Essen: Peter Bünte: S. 115 o., 148, 149. Kim Hart: S. 42 u., 44 u., 45 o.r. und r.M.
Uwe Marschel: S. 30 u.
Norsk Telegrambyra, Oslo: S. 66, 144 l.u.
Ringier Dokumentationszentrum, Zürich: S. 29 l.u., l.M.
Roger-Viollet, Paris: S. 45 l.M., 72 l.o., 93 o.
Schneekluth-Verlag, München: S. 45 l.u. (© Isolde Ohlbaum, München).
Süddeutscher Verlag, München: S. 29 r.u., 31, 44 o., 45 r.u., 118 l.o. und l.u.
Ullstein Bilderdienst, Berlin: S. 28 r.u., 30 o., 75 r.u.

Fritz Dressler: Einband-Vorderseite, S. 4/5, 8, 12/13, 15, 38 u., 39 u., 50/51, 61, 62/63, 76, 77, 79, 80/81, 82/83, 84/85, 86, 95, 96/97, 98/99, 100/101, 102, 109 (3), 116 u., 130/131, 141 (3), 144 o.M. und r., 145, 146, 147, 150 o., 151, 152/153, 154.

Hauke Dressler: Einband-Rückseite, S. 1, 2/3, 6/7, 10, 11, 17, 18/19, 20/21, 22/23, 24, 27 M. und u., 33, 34, 35, 36/37, 38 o., 39 o., 40, 46, 47, 49, 52, 53, 54/55, 56/57, 58, 59, 60, 64, 89 u., 110/111, 115 u., 116 o., 117, 118/119 (4), 120, 121, 123, 125, 126/127, 128/129, 132/133, 134, 135, 136, 137, 138/139, 140, 143.

Die Karten auf den Seiten 112 und 155 zeichnete Astrid Fischer-Leitl, München.

Vor- und Hintersatz: Bei Vagslid.

Einbandfotos:
Reine, Lofoten (Vorderseite)
Rentiere in Finnmarksvidda (Rückseite)

Wir danken allen Rechteinhabern für die Erlaubnis zu Nachdruck und Abbildung. Trotz intensiver Bemühungen war es nicht möglich, alle Rechteinhaber zu ermitteln. Wir bitten diese, sich an den Verlag zu wenden.

Alle Angaben dieses Bandes wurden vom Autor sorgfältig recherchiert und vom Verlag auf Stimmigkeit und Aktualität geprüft. Allerdings kann keine Haftung für die Richtigkeit der Informationen übernommen werden. Für Hinweise und Anregungen sind wir jederzeit dankbar.
Zuschriften bitte an
C. J. Bucher Verlag, Lektorat
Goethestraße 43
80336 München.

Impressum

Konzeption: Axel Schenck
Lektorat: Rüdiger Dingemann, Antje Eszerski
Bilddokumentation: Ursula Binder, Antje Eszerski
Graphische Gestaltung: Peter Schmid, Angela Drees
Herstellung: Angelika Kerscher

Technische Produktion: Fotosatz Ressemann, Hochstadt; Repro Ludwig, A-Zell am See;
Druck und Bindung: Grafiche Fover S.r.l., I-Verona

Verbesserte und erweiterte Neuauflage.

Printed and bound in Italy
ISBN 3 7658 1171 8

Spitzenqualität zu *Sonderpreisen*

ISBN 3 7658 1174 2

ISBN 3 7658 1173 4

ISBN 3 7658 1171 8

ISBN 3 7658 1172 6**

ISBN 3 7658 1168 8*

ISBN 3 7658 1169 6

ISBN 3 7658 1170 X

jeder Band 160 / 176* / 184** Seiten,
durchgehend farbig,
mit historischer Bilddokumentation,
Themen-Essays, Karten, Register
Format 24 x 30 cm,
Fadenheftung, Hardcover
DM 29,80/ Deutschland DM 25,00*

ISBN 3 7658 1175 0

ISBN 3 7658 1178 5

ISBN 3 7658 1177 7

ISBN 3 7658 1176 9